Сказки сибирских татар

시베리아 타타르인 이야기

<지식을만드는지식 소설선집>은
인류의 유산으로 남을 만한 작품만을 선정합니다.
오랜 시간 그 작품을 연구한 전문가가
정확한 번역, 전문적인 해설, 풍부한 작가 소개, 친절한 주석을
제공하는 고급 소설 선집입니다.

지식을만드는지식 소설선집

시베리아 설화집

Сказки сибирских татар

시베리아 타타르인 이야기

작자 미상

이경희 옮김

대한민국, 서울, 지식을만드는지식, 2017

편집자 일러두기

- 이 책은 ≪타타르 구비문학전집, 제 1권(Татарское народное творчество: в 14-ти томах. Том 1)≫(Казань, 1999)을 원전으로 삼아 옮긴이가 가려 뽑아 번역했습니다.
- 주석은 모두 옮긴이가 단 것입니다.
- 외래어 표기는 현행 한글어문규정의 외래어표기법을 따랐습니다.

차 례

황금 새 · 3
의붓딸 · 38
지주와 일꾼 · 47
세 마리 비둘기 · · · · · · · · · · · · · · · · · · 51
돈보다 값진 지식 · · · · · · · · · · · · · · · · · 81
질란 · 95
귀머거리, 장님, 앉은뱅이 · · · · · · · · · · · · · · 99
아버지의 세 가지 충고 · · · · · · · · · · · · · · 105
세 자매 · 108
요술 반지 · 110
재봉사, 곰, 장난꾸러기 · · · · · · · · · · · · · 136
처녀와 물의 요정 · · · · · · · · · · · · · · · · 142
주흐라 별 · 148
영리한 청년 · · · · · · · · · · · · · · · · · · · 152
귀신과 그의 딸에 관한 이야기 · · · · · · · · · · 164
이르티시와 술레이만 · · · · · · · · · · · · · · · 179
아흐메트와 칸 · · · · · · · · · · · · · · · · · · 185

카미르 바티르 · · · · · · · · · · · · · · · · · · · 191
얄 마미시 · 197
카라밈 바티르 · · · · · · · · · · · · · · · · · · · 202
여우와 늑대 · 206
탄 바티르 · 210

해설 · 251
옮긴이에 대해서 · · · · · · · · · · · · · · · · · · 255

시베리아 타타르인 이야기

황금 새

옛날 옛적 어느 마을에 두 형제가 살고 있었다. 형은 부자였고, 동생은 가난했다. 형은 보석상으로 금은 제품을 사고팔았고 동생은 아주 힘든 허드렛일을 했다. 가난한 동생에게는 두 아들이 있었는데 두 아들은 큰아버지 집에서 일을 했고 거기서 일한 돈으로 가족의 생계를 책임졌다.

어느 날 가난한 동생이 마른 나뭇가지를 구하러 숲으로 갔다. 숲으로 들어가자마자 나무에 앉아 있는 새 한 마리가 보였다. 새는 온통 금빛이었다. 동생은 다가가 잡으려고 했지만 새가 너무 높은 곳에 앉아 있어서 잡을 수가 없었다. 동생은 새에게 돌을 던졌다. 새는 돌이 날아오자 높이 날아올랐다. 돌에 새가 살짝 스쳐 새의 날개에서 깃털 하나가 떨어졌다. 새는 날아오르더니 멀리 날아가 버렸다. 동생은 금빛 깃털을 집으로 가져와 부자 형에게 건넸다. 형은 그 대가로 동생에게 약간의 돈을 주며 말했다.

"이런 깃털을 가져오면 돈을 또 주마!"

다음 날 동생은 나뭇가지를 가지러 또 숲으로 갔다. 숲을 이리저리 다니다 높은 나뭇가지 사이에서 반짝거리는 것을 발견했다. 동생은 나무로 올라갔다. 거기에는 커다란 둥지가 하나 있었고 그 안에 황금 알이 있었다. 동생은 둥지에서 알 한 개를 꺼내 형에게 가지고 갔다. 형은 동생에게 많은 돈을 주며 말했다.

"만약 황금 새를 가지고 오면 더 많은 돈을 주마. 내게는 이 새가 아주 중요해."

다음 날 동생은 다시 숲으로 향했다. 동생은 황금 새를 찾아 숲을 배회했다. 그러다가 낮은 나뭇가지에 앉아 있는 새를 보게 되었다. 새는 낮은 곳에 앉아 있었기 때문에 손으로 잡을 수 있었다. 동생은 가만히 숨어서 기회를 노리다 마침내 황금 새를 잡았다. 동생은 새를 형에게 가져갔다. 형은 더 많은 돈을 주었다. 동생은 만족스러워하며 집으로 돌아왔다.

한편 교활한 형은 새를 이리저리 살펴보고는 특별한 새라는 것을 알아차렸다. 그 새의 심장과 간을 먹으면 베개 밑에 매일 아침 많은 금이 놓인다는 것을 형은 알고 있었다. 부자 형이 자신의 아내에게 명령했다.

"이 새를 통째로 삶아. 그리고 잘 감시해. 이 새는 아주 특별한 새야! 절대로 아무것도 버리면 안 돼."

부자의 아내는 황금 새를 씻어서 솥에 넣고 솥을 불 위에 올려놓았다. 그리고 아내는 이웃집에 갔다. 그때 동생의 두 아들이 큰아버지 집에 와서 솥뚜껑을 열었다. 그 안에는 새가 끓고 있었다. 두 아들은 솥에서 새를 꺼내 한 아들은 심장을, 다른 아들은 간을 먹기 시작했다. 그때 부자의 아내가 돌아왔다. 그녀는 아이들이 고기를 먹고 있는 것을 보았다. 그녀는 놀라서 물었다.

"무엇을 먹고 있니?"

"솥을 들여다보니 삶은 고기가 있더라고요. 고기 두 조각을 떼어 내서 먹고 있는 거예요."

부자의 아내는 아이들을 꾸짖고 쫓아내며 말했다.

"여기서 당장 나가. 그리고 아무에게도 새 고기를 먹었다고 말하지 마."

그리고 그녀는 남편이 그 사실을 눈치채지 못하도록 바로 닭을 잡아 닭의 심장과 간을 꺼내 솥에 넣었다. 고기가 다 삶아졌을 때 부자가 집에 와서 아내에게 말했다.

"새를 가져와!"

그는 식탁에 앉아서 새를 먹기 시작했다. 심지어 뼈 하나도 남기지 않고 다 먹어 치웠다. 부자는 다음 날 아침 베개 밑에 놓인 금을 꺼내야겠다고 생각하며 잠자리에 들었다.

부자는 아침 일찍 해가 뜨자마자 일어났다. 베개 밑을 여기저기 더듬었다. 그러나 금은 없었다. 그는 아내에게 물었다.

"새를 몽땅 삶은 것이 맞아?"

아내는 사실대로 말하는 것이 두려워서 거짓말을 했다.

"그럼요. 몽땅 삶았어요."

"하나도 버리지 않고 다 삶았지?"

"그럼요. 아무것도 버리지 않았어요."

부자 형은 어떻게 된 일인지 곰곰이 생각했다.

한편 가난한 동생의 두 아들은 일을 마친 후 집으로 돌아와서 잠자리에 들었다. 다음 날 아침 두 아들은 이불을 개다가 베개 밑에서 금을 발견했다. 두 아들은 아버지에게 달려가서 말했다.

"아버지! 보세요. 이렇게 많은 금이 베개 밑에 있어요!"

가난한 동생은 깜짝 놀랐다. 어떻게 금이 그의 집에 있을 수 있는지 도대체 이해할 수 없었다. 그는 아들들에게 물었다.

"순서대로 차근차근 말해 봐라!"

그런데 아이들이 무슨 말을 할 수 있겠는가? 그들 자신도 아무것도 모르고 있는 것을.

"그냥 있었어요. 그게 다예요."

두 아들은 바로 어제 새의 심장과 간을 먹었다는 것에 대해서는 말하지 않았다.

다음 날 아침에도 두 아들은 베개 밑에 금이 놓여 있는 것을 발견했다. 가난한 동생은 영문을 알 수 없었다. 가난한 동생은 금을 들고 형에게 갔다. 그의 집에서 일어난 기적에 대해서 형에게 이야기했다. 교활한 형은 모든 사실을 짐작하고 조카들을 죽이기로 결심했다. 아무 내색도 하지 않은 채 동생에게 말했다.

"이 금을 가지면 절대로 안 돼. 이 금을 갖는 순간 큰 재앙이 닥칠 거야. 이것은 마법에 걸린 금이야. 그리고 아이들과 함께 집에 있으면 절대로 안 돼. 아이들 때문에 큰 재앙이 닥칠 거야. 모든 것을 잃게 될 거야!"

"어떡하죠?"

"아이들을 숲에 데리고 가서 거기에 버리고 와."

동생은 형의 말을 믿었다. 아이들을 배불리 먹인 후 숲으로 데리고 가서 버리고 오기로 결심했다.

동생이 두 아들에게 말했다.

"애들아! 내가 나뭇가지를 모아 올 때까지 여기 잠시 있어."

두 아들은 숲에 버려진 채 아버지를 기다리기 시작했다. 하루 종일 기다렸으나 아버지는 오지 않았다. 두 아들은 아버지를 부르고 또 불렀다. 그러나 아무 대답도 들을 수 없었다. 두 아들은 집으로 돌아가는 길을 찾기 시작했다. 오랫동안 길을 찾아 헤맸으나 결국 찾지 못하고 완전히 길을 잃게 되었다. 아이들은 숲을 따라 이리저리 헤매다가 어떤 남자를 만났다. 남자가 아이들에게 물었다.

"누구네 집 아이들인데 왜 여기에 있니?"

아이들은 남자에게 그들의 아버지가 누구인지에 대해, 그리고 매일 아침 머리맡에 금이 놓였던 일과 아버지가 그들을 숲으로 데리고 와서 어디론가 사라진 사실 등에 관해 전부 이야기했다. 남자는 큰 호기심을 갖고 아이들의 이야기를 주의 깊게 들었다.

"얘들아, 너희가 어른이 될 때까지 우리 집에서 같이 살자."

남자는 아이들을 자기 집으로 데려갔다. 아이들은 남자의 집에서 살게 되었다. 남자는 아이들을 먹이고 입히고 아이들에게 일하는 법을 가르쳤다. 남자는 아주 훌륭한 사냥꾼이었다. 그는 아이들에게 활 쏘는 법을 가르치며 말했다.

"이것도 너희 인생에 도움이 될 거야!"

그리고 매일 아침 아이들의 베개 밑에 놓인 금을 가져다 숨겼다. 그렇게 남자와 아이들은 몇 년을 함께 살았다. 아이들이 성인이 되어 노련한 사냥꾼이 되자 아이들을 키운 남자는 아이들에게 각각 활을 주며 말했다.

"사냥하러 숲으로 가자."

세 사람은 숲으로 갔다. 오랫동안 돌아다녔지만 짐승은 커녕 새도 발견하지 못했다. 그래서 집으로 돌아오려고 하는데 갑자기 야생 거위 떼를 보게 되었다. 거위 떼가 머리 위에서 높이 날고 있었다. 남자가 말했다.

"너희들이 활 쏘는 모습을 보고 싶구나. 각자 거위 하나씩을 쏘아라."

아이들은 두 마리의 거위를 맞혔다. 거위들이 아래로 떨어졌다.

"자! 이제 너희들은 진정한 타타르의 남자다. 독립해서 살아도 되겠다."

두 청년도 이제 사람들과 멀리 떨어져 사는 것에 싫증이 났다. 두 청년이 남자에게 말했다.

"아저씨가 우리를 숲에서 데리고 와서 먹이고 키우고 많은 것을 가르쳐 주었어요. 그 모든 것에 대해 감사드립니다! 이제 우리는 여기를 떠나 세상으로 나가 사람들이 어떻게 사는지 보고 싶어요. 허락해 주세요."

남자는 청년들을 붙잡지 않았다.

"가거라. 이제 너희는 어디에서도 길을 잃지 않을 거다."

다음 날 남자는 청년들에게 아침을 해 먹이고 각각에게 활을 선물하고 배웅했다. 남자는 청년들이 떠나기 전 칼을 주며 말했다.

"만약 너희가 서로 헤어져야 할 상황이 오면 이 칼을 두 갈래 길에 있는 나무에 꽂아라. 한 사람이 다른 사람의 운명에 대해 알고 싶을 때는 그 나무로 가서 칼을 보거라. 칼의 한쪽 면이 녹슬어 있으면 너희 중 누군가는 죽은 것이다. 칼의 양쪽 면이 반짝거리면 너희 둘 다 건강하게 살아 있다는 것을 뜻한다."

두 형제는 자신들을 키워 준 남자와 작별하고 길을 떠났다. 그들은 걷고 또 걸어서 울창한 숲까지 오게 되었다. 숲은 매우 울창하고 커서 하루에 절반도 가지 못했다. 두 형제는 잠시 쉬기로 결정했다. 그들은 짐승을 잡아 저녁 식사를 하고 싶었다. 형제는 활을 가지고 사냥을 하러 갔다. 그들은 곧 옆에서 달아나는 토끼 한 마리를 발견했다. 그들은 토끼에게 활을 겨누었다. 그런데 갑자기 토끼가 사람의 목소리로 말했다.

"저를 죽이지 마세요! 제게 두 마리 새끼가 있는데 그 새끼들을 데려가세요. 당신들에게 도움이 될 거예요!"

두 형제는 토끼를 쏘지 않았다. 토끼가 나무 뒤에 숨자마자 바로 두 마리 새끼 토끼가 형제 쪽으로 뛰어왔다. 형제는 계속해서 앞으로 걸어갔다. 여우를 만났다. 그들이 여우에게 활을 겨누자 여우가 사람의 목소리로 말했다.

"죽이지 마세요. 저에겐 새끼가 두 마리 있어요. 그들을 데려가세요. 여러 가지로 도움이 될 거예요."

형제는 여우를 쏘지 않았다. 여우가 어디론가 가더니 바로 두 마리 새끼와 함께 돌아왔다. 형제는 토끼와 여우 새끼들과 함께 계속 걸었다. 그들은 걷고 또 걸었다. 이번에는 늑대를 만났다. 두 형제가 말했다.

"이번에는 늑대를 죽이자!"

그들이 늑대를 쏘려고 하자 늑대가 사람의 목소리로 말했다.

"저를 죽이지 말고 제 새끼들을 데려가세요. 쓸모가 있을 거예요!"

늑대는 동굴로 가서 새끼를 데리고 왔다. 형제는 토끼, 여우, 늑대 새끼들을 데리고 계속해서 걸었다. 나무 뒤에서 큰 곰이 나오는 것이 보였다. 형제는 곰을 죽이려고 했다. 그런데 곰이 사람의 소리로 말했다.

"저를 죽이지 마세요. 제 새끼들을 데려가세요!"

두 형제는 곰을 죽이지 않고 곰 새끼들을 데리고 출발했다. 그들은 걷고 또 걸었다. 사자를 만났다. 두 형제가 사자를 쏘려고 하자 사자는 사람의 목소리로 말했다.

"저를 죽이지 않으면 제 두 새끼를 드릴게요!"

형제는 사자를 쏘지 않았고 사자 새끼를 데리고 갔다. 두 형제는 짐승들과 함께 계속해서 걸었다. 그런데 두 형제는 배가 너무 고팠다. 그들은 여우 새끼에게 말했다.

"너희는 민첩하고 약삭빠르니 가서 새를 잡아 와. 배가 고파 거의 죽을 지경이야."

여우들은 바로 새를 잡아 왔다. 형제는 불을 피워 새를 구워서 아주 배불리 먹었다. 두 형제는 숲을 따라 오랫동안 걸었다. 그들은 각자 다른 길로 가기로 결정했다.

"각자 서로 다른 길로 가 보자. 그리고 나중에 만나서 사람들이 어디에서 어떻게 사는지, 무엇을 알게 되었고, 누구를 만났는지 서로에게 이야기해 주기로 하자."

그들은 두 갈래 길에 와서 자신을 키워 준 남자가 준 칼을 고목에 꽂았다. 그런 다음 각각 짐승들을 나누고 작별 인사를 하고 헤어졌다. 한 사람은 동쪽으로 갔고 다른 사람은 서쪽으로 갔다.

동생은 밀림을 지나 골짜기를 넘어 습지를 통과했다. 동생은 힘이 거의 다 떨어졌다. 마침내 동생은 어느 마을로 나오게 되었다. 집이 모두 검은 천으로 덮여 있었다. 동생이 한 집에 들어가서 물었다.

"하룻밤 자고 가도 되겠습니까?"

"그럼! 쉬어 가."

"제 짐승들을 가둘 데가 있을까요?"

"빈 헛간이 있는데 거기에 가둬."

동생은 짐승들을 헛간으로 데리고 가서 가두었다. 곰이 말했다.

"배가 고파요!"

토끼와 여우가 벽에 나 있는 구멍을 통해 밖으로 나가 닭을 잡아 왔다. 모두들 배불리 먹었다. 동생도 충분히 먹고 마셨다. 동생이 집주인에게 물었다.

"왜 이 마을의 집들은 검은 천으로 덮여 있어요?"

"슬픔의 표시로 그렇게 한 거야. 내일 우리 공주님이 죽어. 그래서 마을의 모든 집 지붕에 검은 천을 덮으라는 명령이 떨어졌어."

"왕의 따님이 죽을병에라도 걸려 누워 있나요?"

"아니야. 병에 걸린 것이 아니야. 그러나 어쨌든 반드시 죽어야 한다네."

동생은 몹시 놀랐다.

"어떻게 그런 일이 있을 수 있어요? 건강한 아가씨가 갑자기 죽어야 한다니!"

집주인이 그에게 큰 산을 가리키며 말했다.

"바로 저기 마을 뒤에 있는 큰 산 보이지? 저 산 위에 아주 거대한 뱀 아즈다하가 살아. 그 뱀에게 우리는 해마다 가장 아름다운 처녀를 한 명씩 바쳐야만 해. 그렇게 하지 않으면 아즈다하가 마을을 부수지. 올해는 왕의 따님이 제비뽑기에서 제물로 결정됐어."

"왜 누구도 아즈다하를 죽이지 않나요?"

"무슨 말이야! 죽이려고 했지. 많은 용사와 장사들이 아즈다하를 죽이려고 시도했어. 그러나 그들이 오히려 죽었어. 왕은 아즈다하를 죽인 자에게 공주를 아내로 삼게 하고, 왕이 죽은 후 왕국을 물려주겠노라고 선포했어."

"용사들과 장사들이 아즈다하와 싸우러 갔다면 저도 가지 말란 법이 없지요. 저도 싸우러 가겠습니다."

동생은 집주인의 만류를 듣지 않았다. 동생은 짐승들에게 음식을 먹였다. 그리고 지체하지 않고 짐승들과 함께 뱀이 살고 있는 산으로 출발했다.

동생은 산 정상에 올랐다. 거기에는 거대한 집이 있었다. 동생은 집으로 들어가서 살피기 시작했다. 집은 조용했고 텅 비어 있었다. 아무도 없었다. 동생은 방으로 들어갔다. 식탁 위에는 물이 들어 있는 찻잔이 세 개 놓여 있었다. 거기에 다음과 같은 글이 새겨져 있었다.

"이 물을 먹는 자는 세상에서 가장 강해질 것이다. 이 세상에서 겨룰 자가 없을 거다. 물을 마셔라. 그리고 문 위에 걸려 있는 검을 가지고 가서 아즈다하를 죽여라!"

동생은 글을 읽자마자 물은 마시지 않고 바로 문으로 다가가서 검을 떼려고 했다. 그러나 어떻게 빼야 할지 몰랐다. 검은 그 자리에서 꼼짝도 하지 않았다. 그러자 동생은 식탁의 찻잔을 들어 물을 마셨다. 그리고 한 손으로 장난감처럼 검을 들어 올렸다. 동생은 집에서 나와 아즈다하가 숨어 있는 곳을 찾기 시작했다.

바로 그 시간에 공주는 아즈다하에게 제물로 바쳐지기 위해 궁전에서 나왔다. 마을 사람들이 공주를 배웅했다. 마을 사람들은 공주의 젊음과 아름다움을 애석해하며 울었다. 공주를 배웅하러 나온 마을 사람들은 산기슭까지 갔다가 다시 마을로 돌아와 뿔뿔이 흩어졌다. 공주와 왕의 총리대신만이 남았다. 총리대신은 아즈다하가 공주를 집어삼키는 것을 지켜보기 위해 남았다. 총리대신은 안전한 장소에 몸을 숨기고 나서 공주에게 말했다.

"이제 혼자서 가세요!"

공주는 출발했다. 멀리 우리의 주인공인 동생이 보였다. 공주는 그를 아즈다하로 생각했다. 그런데 다가가서 보니 젊고 잘생긴 청년이었다. 공주는 기뻐하며 물었다.

"누구세요? 어떻게 이 산에 있는 거죠?"

"저는 아즈다하를 죽이고 당신을 구하러 여기에 왔습니다!"

동생은 검이 있던 그 집으로 공주를 데리고 가서 말했다.

"여기서 기다리세요!"

동생은 밖으로 나가 아즈다하를 기다리기 시작했다. 얼마의 시간이 흘렀다. 일곱 개의 머리를 가진 아즈다하가 집으로 날아왔다. 아즈다하는 동생을 보더니 쉰 소리를 냈다.

"여기 왜 왔지?"

"너와 싸우러 왔다!"

"너보다 힘센 수많은 용사와 장사들이 여기 왔다. 그러나 내가 그들을 다 죽였다. 너도 살아서는 돌아가지 못할 거다!"

아즈다하는 말을 끝내자마자 동생에게 달려들었다. 일곱 개의 입에서 나오는 불과 날카로운 발톱으로 동생을 죽이려 했다. 주변의 나무들이 넘어져 부서지고 불탔다. 아즈다하는 동생의 머리를 잡으려 했지만 동생은 재빨리 몸을 돌렸다. 동생은 아즈다하가 그에게 다가오기 위해 옆으로 몸을 돌리기를 기다렸다가 검을 휘둘러 아즈다하의 머리 세 개를 잘라 버렸다. 아즈다하는 성이 나서 포효하며 더 높이 날아올라 동생에게 달려들었다. 동생은 다시 민첩하게 몸을 돌려 검을 휘둘러 아즈다하의 나머지 세 개의 머리를 베었다. 아즈다하에게는 오직 머리가 하나 남았지만 힘은 아직 약해지지 않았다. 아즈다하는 달려들어 동생을 삼키려 했다. 동생은 이미 힘이 빠지기 시작했다. 그러나 그는 마지막 남아 있는 힘을 모아 검을 휘둘렀다. 마침내 아즈다하의 꼬리가 잘려 나갔다. 동생에게는 아즈다하와 싸울 힘이 더 이상 남아 있지 않았다. 그러자 동생은 자신의 짐승들에게 도와 달라고 소리쳤다. 짐승들이 와서 아즈다하에게 덤볐다. 곰은 아즈다하의 한쪽 옆구리를 물어뜯고, 늑대와 사자는 다른 쪽 옆구리를 물어뜯었다. 여우와 토끼는 뒤에서 도왔다. 마침내 아즈다하는 산산조각이 났다.

이제 동생은 공주가 기다리는 집으로 향했다. 공주는 공포에 질려 의식을 잃은 채 누워 있었다. 동생은 공주의 팔을 잡고 밖으로 데리고 나와 의식을 차리게 했다. 그녀는 주위를 둘러보고 나서 물었다.

"아즈다하는 어디에 있어요?"

"아즈다하는 이제 없어요. 제가 당신을 구했어요!"

공주는 기쁨의 눈물을 흘리며 동생의 목을 껴안았고 감사하다고 말했다. 그리고 손가락에서 금반지를 빼 아즈다하를 죽이는 데 공을 세운 짐승들의 목에 걸어 주었다. 동생에게는 공주의 이름이 수놓인 손수건을 선물했다. 공주가 말했다.

"제 남편이 되어 주세요!"

동생은 아즈다하의 일곱 개의 머리에서 일곱 개의 혀를 잘라 공주가 준 손수건에 싼 후 말했다.

"너무 피곤해서 잠을 좀 자고 싶습니다!"

공주가 풀 위에 앉았고, 동생은 공주의 무릎을 베고 누웠다. 그는 사자에게 명령했다.

"보초를 서라! 아무도 여기에 와서 나를 죽이지 않도록 잘 지켜라!"

동생은 말을 끝내자마자 깊은 잠에 빠졌다. 사자가 잠깐 보초를 선 후 곰에게 말했다.

"이제 네가 보초를 서!"

그리고 사자도 잠들었다. 곰도 잠깐 동안 보초를 선 후 늑대를 부르더니 말했다.

"이제 네 차례야."

그리고 곰은 잠자러 갔다. 늑대는 잠깐 동안 서 있다 여우에게 말했다.

"나는 눈을 좀 붙여야겠다!"

여우도 잠깐 보초를 선 후 토끼를 불렀다.

"가서 주인님을 지켜 드려. 난 졸려."

이제 토끼가 보초를 섰다. 그런데 토끼도 다른 짐승들처럼 아즈다하와 싸우느라 탈진한 상태였다. 그는 풀밭에 앉았으나 이내 머리를 풀에 박고 자기도 모르게 잠들었다. 아무도 보초를 서지 않게 되었다.

한편 공주와 함께 왔던 총리대신이 숨어 있던 곳에서 나왔다. 그는 싸움이 이미 오래전에 끝나고 아즈다하가 산산이 쪼개지는 모습을 숨어서 다 지켜보았다. 그리고 공주가 풀밭에 앉아 웬 낯선 젊은 남자가 자는 모습을 지켜보는 것을 보았다. 총리대신은 공주 뒤로 몰래 다가가 칼을 꺼내서 자고 있는 청년의 머리를 잘랐다. 총리대신의 행동이 얼마나 민첩하고 날렵했는지 짐승들은 아무 소리도 듣지 못했다. 공주는 두려움으로 돌처럼 굳어 버렸다. 총리대신은 공주를 업고 달리기 시작했다. 공주가 의식을 차리자 총리대신이 말했다.

"아버지에게 아즈다하를 죽인 사람이 나라고 말해. 그러지 않으면 너를 죽일 거야!"

"아니요. 거짓말하지 않을 거예요. 아즈다하를 죽인 사람은 당신이 아니에요. 당신이 아즈다하를 죽인 그 사람의 머리를 간교하게 베어 버렸잖아요!"

그러자 총리대신은 공주를 협박하기 시작했다.

"만약 아버지에게 내가 시킨 대로 말하지 않으면 이 칼로 네 머리를 잘라 버릴 거야!"

공주가 놀라서 애원했다.

"시키는 대로 할게요!"

총리대신은 공주를 왕에게 데려갔다. 왕은 공주를 보자 아주 기뻐했다. 총리대신이 말했다.

"바로 제가 아즈다하를 죽이고 공주님과 마을 전체를 구했습니다. 그러니 약속하신 대로 공주님을 저에게 아내로 주십시오!"

왕이 공주에게 물었다.

"저자가 아즈다하를 죽인 것이 사실이냐?"

"네. 그럴 거예요. 저자가 아즈다하를 죽인 것은 사실이나 결혼식은 지금 당장 말고 1년 하루 후에 하게 해 주세요."

총리대신은 결혼식을 연기하지 말아 달라고 왕에게 부탁했지만 왕은 결혼식을 1년 하루 후로 연기하라고 명령했다.

이제 그들은 왕의 궁전 안에 남겨 두고 우리의 동생에게로 돌아가 보자.

동생은 머리가 없는 채 누워 있었고 짐승들은 옆에서 자고 있었다. 벌 한 마리가 짐승들 옆을 날다가 토끼의 코에 앉아 붕붕거렸다. 토끼는 발바닥으로 벌을 쫓고 다시 잠을 잤다. 벌은 다시 토끼의 코에 앉아 붕붕거렸다. 토끼는 다시 발바닥으로 벌을 쫓고 또 잠을 잤다. 그러자 벌은 다시 토끼의 코를 쏘았다. 토끼가 갑자기 벌떡 일어나 여우를 깨웠다. 여우는 늑대를 깨웠고 늑대는 곰을, 곰은 사자를 깨웠다. 짐승들이 모두 일어났다. 공주는 사라지고 주인은 죽어 있었다. 짐승들은 놀랐고 서로를 질타하며 묻기 시작했다.

"우리 주인을 누가 죽였지?"

모두 한목소리로 말했다.

"나는 몰라!"

사자가 곰에게 물었다.

"왜 나를 깨우지 않았어?"

"나는 잠이 들었어. 늑대야, 너는 왜 나를 깨우지 않았어?"

늑대가 대답했다.

"나도 잠이 들었어. 여우야, 너는 왜 나를 깨우지 않았어?"

"나도 잤어. 토끼가 나를 깨웠어야 했는데. 너 왜 깨우지 않았어?"

토끼는 잠자코 있었다. 아무 대답도 할 수 없었다. 그러자 다른 짐승들이 말했다.

"이 모든 것이 토끼 때문이야. 토끼를 죽여야 해!"

토끼가 말했다.

"나를 죽이지 마. 내가 주인님을 살릴게. 치료에 효과가 있는 나무가 있는 산을 알아. 그 나무뿌리를 가져다가 죽은 사람의 입에 넣으면 즉시 살아나. 그런데 그 산은 여기에서 멀어. 꼬박 이틀 밤낮을 달려야 그곳까지 갈 수 있어."

여우가 말했다.

"빨리 달려서 한나절 안에 갔다 와!"

"좋아. 가능한 한 빨리 갔다 올게."

토끼는 있는 힘을 다해 달렸다.

다른 짐승들은 주인 곁에 앉아서 토끼를 기다렸다. 정확히 한나절 만에 토끼는 나무뿌리를 입에 물고 나타났다. 짐승들은 동생의 머리를 몸에 붙이고 토끼는 자신이 구해 온 나무뿌리를 주인의 입에 넣었다. 머리는 몸에 붙었고, 동생은 긴 잠에서 깨어난 듯 기지개를 펴고 일어나 앉았다. 그는 주위를 둘러보았다. 곁에 공주는 없고 짐승들만 있었다. 그는 사자에게 물었다.

"공주는 어디에 있니? 자고 있는 동안에 무슨 일이 있었니?"

사자가 말했다.

"주인님은 자는 것이 아니었습니다."

사자는 모든 것을 차근차근 이야기했다. 동생은 비탄에 잠겼고 자신의 충직한 짐승들과 함께 길을 떠났다. 그는 여러 장소에 머물렀는데 사람들에게 짐승들을 보여 주고 그 대가로 먹을 것을 마련했다. 동생은 어디에 머물든 항상 아즈다하로부터 구한 공주를 생각했다.

정확히 1년 후 그는 공주가 살고 있는 바로 그 마을에 도착했다. 그는 마을을 바라보았다. 마을은 온통 붉은 천으로 장식되어 있었다. 동생은 변두리에 있는 한 집에 들어가서 주인에게 물었다.

"1년 전에 이 도시는 검은 천으로 덮여 있었는데 어째서 이제는 붉은 천으로 덮여 있지요?"

"작년에 우리는 공주님을 아즈다하에게 제물로 바쳐야만 했어. 그런데 임금님의 총리대신이 아즈다하를 죽이고 공주님을 구한 거지. 우리 도시에 큰 잔치가 있어. 임금님이 아즈다하를 죽인 총리대신에게 공주님을 시집보낸단다. 내일이 결혼식이야. 그래서 임금님이 도시를 붉은 천으로 장식하라고 명령했어."

"오늘 임금님 식탁의 빵을 맛보고 싶은데요."

"말도 안 되는 소리야! 불가능해."

"내기해요. 만약 제가 지면 당신에게 백 탄가[1]를 주겠소. 만약 당신이 지면 나에게 백 탄가를 주시오."

"좋아. 내기하자!"

동생은 토끼를 불러서 명령했다.

"궁전에 가서 식탁의 빵을 가져오너라!"

토끼는 궁전으로 달려갔다. 아무도 모르게 공주가 식사하는 식탁 밑으로 들어가서 그녀의 발을 코로 밀었다. 그녀는 토끼를 보게 되었고 토끼의 목에 자신의 반지가 있는 것을 보았다. 그녀는 토끼에게 자신의 방으로 오라는 신호를

---

1) 14세기부터 18세기까지 중앙아시아와 그 주변 국가들에서 쓰이던 은화.

보냈다.

"왜 여기 왔니?"

"아즈다하를 죽이고 당신을 구한 주인님이 이 마을로 오셨습니다. 주인님이 임금님 식탁의 빵을 가져오라고 명했습니다."

공주는 동생이 빵이 필요해서가 아니라 그의 소식을 전하고 싶어서 토끼를 보냈다는 것을 알아차렸다. 공주는 기뻤다. 공주는 토끼에게 빵을 주며 말했다.

"주인님에게 가서 빵을 전해라!"

토끼는 빵을 동생에게 가져왔다. 동생은 여우를 불러서 말했다.

"가서 임금님 식탁의 고기를 가져오너라!"

"네."

여우는 궁전으로 달려가 공주가 식사하는 식탁 밑으로 들어갔다. 그리고 공주의 드레스 자락을 잡아당기기 시작했다. 그녀는 허리를 구부려 아래를 살펴보았다. 자신의 금반지를 목에 건 여우가 있었다. 그녀는 청년이 살아 있는 것이 틀림없다고 생각했다. 공주가 여우에게 물었다.

"왜 왔니?"

"아즈다하를 죽이고 당신을 구한 분이 저를 보냈습니다. 그분은 임금님의 식탁에 있는 고기를 원하십니다."

공주는 여우에게 가장 좋은 고기 조각을 주었고 여우는 그것을 주인에게 가져갔다. 동생이 늑대를 불러 말했다.

"가서 임금님의 식탁에 있는 과일을 가져오너라."

늑대는 궁전으로 달려가서 염소 가죽으로 만든 공주의 신발을 코로 밀기 위해 식탁 밑으로 들어갔다. 그녀는 늑대 목에 매달려 있는 자신의 금반지를 보았다. 그녀는 청년이 가까이 있다는 것을 알아차렸다. 공주가 늑대에게 물었다.

"무엇이 필요하니?"

"산에서 아즈다하를 죽이고 당신을 구한 제 주인님이 저를 이리로 보냈습니다. 주인님은 과일을 가져오라고 했습니다."

공주는 가장 크고 좋은 과일을 골라 늑대에게 주며 말했다.

"너의 주인님에게 이것을 갖다 드려!"

늑대는 과일을 주인님에게 가져왔다. 동생은 곰을 불러 말했다.

"가서 구운 만두를 가져오너라!"

곰은 구운 만두를 주인에게 가져왔다. 동생은 이번에는 사자를 궁전으로 보냈다.

"임금님의 식탁에 있는 과일 주스를 가져오너라."

사자는 궁전으로 가서 공주에게 주인의 부탁을 전했다.

그녀는 가장 예쁜 주전자를 주며 사자에게 말했다.

"이 과일 주스를 너의 주인님에게 가져다 드려라!"

사자는 주스를 주인에게 가져왔다. 동생은 모든 짐승들을 모이게 했다. 집주인도 초대했다.

"지금 우리에게는 임금님의 식탁에서 가지고 온 온갖 음식이 있다. 식탁에 앉아서 먹고 마시고 즐겨라."

모두 배불리 먹고 마시고 나자 동생이 말했다.

"궁전으로 직접 가서 공주님을 데려오겠습니다!"

집주인이 놀라서 그를 만류하기 시작했다.

"무슨 말이야. 생각해 봐! 임금님이 과연 공주님을 내주겠어? 꿈도 꾸지 않는 게 좋을 거야. 내 말을 잘 기억해. 창피만 당하고 돌아오게 될 거야!"

"아니에요. 제가 말한 대로 될 겁니다. 공주님은 제 아내가 될 거예요!"

집주인은 그의 말을 계속 믿지 않았고 내기를 걸었다.

"네가 공주님과 결혼하면 전 재산을 주겠다. 있을 수 없는 일이야! 만일 네가 거절당하고 돌아오면 네가 나에게 천 탄가를 줘."

"좋아요. 당신 말대로 하겠습니다. 나중에 후회하지 마세요!"

"너나 후회하지 마!"

그들은 앉아서 계속 내기를 했다. 집주인은 화를 냈고 동생은 웃었다.

한편 왕은 딸을 불러 묻기 시작했다.

"너에게 왔다 간 그 짐승들은 뭐냐?"

"말씀드릴 수 없어요. 짐승들의 주인을 불러서 직접 물어보세요."

왕이 하인을 불러 명령했다.

"지금 가서 우리 궁전에 왔다 간 짐승들의 주인을 찾아라!"

하인은 거리와 골목을 뛰어다니고 집들을 샅샅이 뒤졌다. 짐승들을 데리고 있는 사람은 어디에도 없었다. 마침내 그는 변두리에 있는 한 집에 들어가서 집주인에게 물었다.

"짐승을 데리고 다니는 사람이 여기 묵고 있소?"

"예. 묵고 있습니다. 바로 저 사람입니다."

하인이 그를 보자 말했다.

"나와 함께 궁전으로 가자. 임금님이 너를 보기 원하신다."

"좋습니다. 갑시다!"

그는 가장 멋있는 옷을 입고 손에 무언가가 든 보따리를 들고 짐승들을 불러 하인과 함께 궁전으로 향했다. 왕은 창문을 통해 그가 오는 것을 보았다. 딸에게 물었다.

"내가 저 청년을 맞이하러 나가야 하느냐? 아니면 저 청년이 올 때까지 기다려야 하느냐?"

"저 청년을 맞이하러 나가셔야 해요!"

왕은 문 앞에서 동생을 맞이해서 궁전으로 들였다. 궁전에는 공주, 공주와 결혼할 총리대신, 그리고 모든 신하들이 모였다. 왕은 동생에게 직업이 무엇이고, 어디에서 그렇게 다양한 짐승이 생겼냐고 묻기 시작했다.

"저는 사냥꾼입니다. 이 짐승들은 제 조수입니다."

"무엇을 사냥하는지 말해 다오."

"저는 아주 거대하고 무서운 짐승들을 찾아다닙니다. 작년에 저 산에서 일곱 개의 머리를 가진 아즈다하를 죽였습니다!"

신하들이 말했다.

"저자는 거짓말을 하고 있습니다! 아즈다하를 죽인 것은 저자가 아니라 우리의 총리대신입니다!"

그러자 동생은 아무 말도 하지 않고 보따리를 풀어서 아즈다하의 일곱 개의 혀를 탁자에 놓았다. 왕이 물었다.

"이것이 무엇이냐?"

"제가 죽인 아즈다하의 일곱 개의 혀입니다."

총리대신은 그 말을 듣자 놀라서 무슨 말을 해야 할지 몰랐다. 단지 중얼거릴 뿐이었다.

"아즈다하에게 혀는 없습니다!"

그러자 동생이 말했다.

"신하들을 산에 보내 아즈다하의 머리를 가져오게 하십시오!"

신하들은 산으로 가서 아즈다하의 일곱 개의 머리를 가져왔다. 왕이 말했다.

"아가리를 벌려라!"

왕은 뱀의 아가리를 벌리고 안을 들여다보았다. 혀가 잘려 있었다. 왕이 명령했다.

"저 사냥꾼이 가져온 혀를 가져오너라!"

신하들이 혀를 가져왔다. 아즈다하의 혀였다. 왕이 공주에게 물었다.

"왜 저 청년이 네 손수건으로 아즈다하의 혀를 싸 가지고 온 것이냐?"

"제가 그에게 손수건을 선물했어요."

왕은 짐승들을 보고 나서 공주에게 물었다.

"짐승들의 목에 걸려 있는 목걸이는 무엇이지?"

"제 반지예요. 짐승들이 저 청년을 도와 아즈다하를 죽인 대가로 제가 선물한 거예요."

왕이 청년에게 말했다.

"모든 것을 차근차근 이야기하라!"

“네. 이야기하겠습니다.”

청년은 산에서 아즈다하와 싸운 것과 짐승들이 그를 도와준 것, 아즈다하와의 싸움 후 공주의 무릎을 베고 누워서 잠이 든 것에 대해 이야기했다. 청년은 이야기를 마친 후 덧붙였다.

“그다음은 기억이 없습니다. 제 짐승들이 없었더라면 지금까지 저는 저 산에 누워 있었을 겁니다.”

청년의 이야기를 다 들은 왕이 공주에게 물었다.

“저 사냥꾼의 이야기가 다 진실이냐?”

“그의 말은 전부 진실이에요. 그가 아즈다하를 죽이고 저를 구했어요. 그런데 총리대신이 아즈다하와 싸운 후 잠이 든 그를 교묘하게 죽이고 사실을 말하면 죽이겠다고 저를 협박했어요.”

왕은 격분했다. 신하들을 불러서 명령했다.

“총리대신을 참형에 처하라!”

신하들은 잠시도 지체하지 않고 총리대신을 네 마리 말의 꼬리에 묶어서 말들을 다른 방향으로 달리게 했다. 말들은 달렸고 총리대신의 몸은 갈가리 찢어졌다. 왕은 공주를 청년에게 시집보냈다. 호화로운 결혼식이 치러졌고 왕은 왕국의 절반을 청년에게 주었다. 동생은 젊은 아내와 행복하게 잘 살게 되었다.

어느 날 동생은 짐승들과 함께 사냥을 하러 숲으로 향했다. 다른 사냥꾼들과 함께였다. 그 숲은 마법에 걸려 있었다. 누구든 숲에 들어오면 되돌아 나갈 수 없었다. 사냥꾼들이 숲 쪽으로 거의 다가갔을 때 한 번도 본 적이 없는 하얀 짐승이 나타났다. 우리의 동생은 동료들에게 숲 근처에서 기다리라고 말하고 짐승들과 함께 그 하얀 짐승을 뒤쫓아갔다. 동료들은 기다렸다. 그러나 그는 오지 않았다. 해가 저물기 시작했는데도 그는 돌아오지 않았다. 밤이 되었다. 역시 그는 오지 않았다. 동료들은 마을로 돌아와서 공주에게 말했다.

"남편 분이 어떤 하얀 짐승을 뒤쫓아 갔는데 돌아오지 않았습니다."

공주는 비탄에 잠겼다. 어떻게 해야 할지 몰랐다.

공주를 슬픔 속에 그대로 남겨 두고, 우리의 사냥꾼에게 무슨 일이 생겼는지 한번 알아보자.

동생은 하얀 짐승을 쫓아갔다. 그러나 아무리 해도 그 짐승을 잡을 수 없었다. 화살을 쏘았지만 허사였다. 동생은 오랫동안 그 짐승을 뒤쫓느라 힘이 다 빠졌다. 동생은 멈춰 서 주위를 둘러보았다. 사방에는 무성한 밀림밖에 보이지 않았다. 큰 나무들이 빽빽하게 늘어서서 하늘을 가리고 있었다. 동생은 동료들과 짐승들을 부르기 위해 사냥 나팔을 불기 시작했다. 오랫동안 나팔을 불었지만 아무도 그의 소리를 듣지 못했다. 완전히 어두워지자 동생은 모닥불을 피웠고 모닥불 주위로 짐승들이 모였다. 그는 누웠다. 그가 누워 있을 때 갑자기 비명 소리가 들렸다. 주위를 살펴보았으나 아무도 없었다. 다시 누웠다. 그런데 또다시 누군가의 외침 소리가 들렸다. 동생은 주위를 둘러보았다. 모닥불 바로 위에 있는 나무에 한 노파가 앉아서 소리를 지르고 있었다.

"얼어 죽겠어! 얼어 죽겠어!"

"나무에서 내려오세요. 불 곁으로 와서 몸을 덥히세요!"

"네 짐승들이 무서워!"

동생은 노파를 안심시켰다.

"무서워하지 마세요. 건드리지 않아요."

"무서워. 이 지팡이로 네 짐승들을 때려. 그러면 물지 않게 될 거야."

동생은 노파의 말대로 그 지팡이로 짐승들을 때렸다. 그러자 짐승들이 돌로 변해 버렸다. 노파는 깔깔 웃으며 나무에서 내려와 동생을 다른 지팡이로 때렸다. 동생도 돌로 변했다. 노파는 동생과 짐승들을 자루에 넣어 아주 큰 구멍으로 끌고 가 던져 버렸다.

이제 동생과 짐승들을 구멍 속에 그대로 남겨 두고 우리 동생의 형 이야기로 돌아가 보자.

형은 짐승들과 함께 줄곧 여기저기를 다니며 사냥을 했다. 그는 여러 곳을 가 보았고 많은 것을 보았다. 어느 날 그는 동생과 헤어졌던 두 갈래 길에 들르게 되었다. 형은 과연 동생이 살아 있을까 아니면 죽었을까 생각하며 동생과 헤어질 때 칼을 꽂아 두었던 나무로 다가가서 살펴보았다. 칼의 한쪽 면이 녹슬어 있었다. 형은 걱정이 되었다.

'동생에게 무슨 일이 생겼어. 구해야만 해!'

형은 예전에 동생이 갔던 길을 따라서 갔다. 오랫동안 걸었더니 마을이 보였다. 형은 왕의 궁전으로 다가갔다. 두 형제는 아주 닮았기 때문에 궁전의 경비병은 그를 보고는 동생으로 오인했다. 경비병은 형에게 인사를 하고는 문을 열어 주었다. 형은 궁전으로 들어갔다. 그를 맞으러 공주가 뛰어 나왔다. 공주는 기뻐서 눈물을 흘리며 그의 목을 껴안았다. 공주도 그를 동생인 줄 알았다. 두 형제는 두 개의 물방울처럼 너무 닮았기 때문에 그 누구도 두 형제를 구별하지 못했다. 공주가 물었다.

"숲에서 왜 그렇게 오랫동안 지체했어요? 무슨 일이 있었어요?"

"제 생각에 당신은 저를 동생으로 착각하고 있는 것 같습니다. 동생은 어디에 있나요?"

공주는 동생이 짐승들과 함께 숲으로 떠나서 돌아오지

않았다고 말했다. 형은 지체하지 않고 바로 동생을 찾으러 숲으로 향했다. 형이 숲으로 다가가자 바로 그 하얀 짐승이 보였다. 그는 짐승을 쫓아가기 시작했다. 밤이 될 때까지 짐승을 쫓아다녔다. 밤이 되자 그는 모닥불을 피우고 짐승들과 함께 모닥불 곁에 누웠다. 꿈속에서 그는 비명 소리를 들었다.

"얼어 죽겠어! 얼어 죽겠어!"

형은 주위를 둘러보았다. 가까이 있는 나무에 한 노파가 앉아 있는 것이 보였다. 형이 노파에게 말했다.

"내려와서 불을 쬐세요!"

"네 짐승들이 무서워. 나를 물 거야. 이 지팡이로 짐승들을 때려. 그러면 나무에서 내려갈게."

"저는 짐승들을 때리지 않을 거예요. 불을 쬐고 싶으면 내려오고 싫으면 그냥 나무에 앉아 계세요."

그러자 노파는 형에게 욕을 하기 시작했다. 형은 화가 나서 노파에게 명령했다.

"즉시 나무에서 내려와. 그러지 않으면 화살을 쏠 거야!"

노파는 나무에 앉아서 세상의 모든 욕을 있는 대로 퍼부었다.

"하고 싶은 대로 욕해라."

형은 그렇게 말하고 노파를 쏘았다. 그러나 화살이 튀어

나왔다. 형은 노파가 평범한 노파가 아니라 마녀라는 것을 알아차렸다. 그는 은으로 만든 특수한 화살을 꺼내 마녀를 쏘았다. 노파는 위로 몸이 핑 돌더니 땅에 떨어졌다. 형은 노파의 몸을 잡고 있는 힘을 다해 누르면서 말했다.

"네가 내 동생을 죽인 거 맞지? 내 동생을 어디에 가두었는지 말하지 않으면 모닥불에 던져 버릴 거야."

노파가 놀라서 말했다.

"불에 던지지 마! 동생을 살려 놓을게."

노파는 구멍으로 형을 데리고 갔다. 구멍에서 돌들을 꺼내 막대기 같은 걸로 때렸다. 그렇게 하자 동생과 그의 짐승들이 살아났다. 동생은 그를 구한 형을 알아보고 고마워했다.

"형이 없었으면 나는 영원히 이 구멍에 돌로 누워 있었을 거야."

형은 더 이상 사람들을 죽이지 않도록 마녀를 불 속에 던져 버렸다. 그러고 나서 형제는 짐승들과 함께 마을로 향했다. 그들은 가면서 어디에 갔고 어떻게 생활했는지 서로서로 물었다. 동생은 머리가 일곱 개 달린 아즈다하를 죽이고 공주와 결혼한 사실에 대해 이야기했다. 형이 껄껄 웃고 나서 말했다.

"내가 그 도시에 갔을 때 경비병과 네 아내가 나를 너라고 오인하더구나. 궁전에 남아서 왕의 사위가 될걸 그랬나?"

동생은 몹시 화가 났다. 형이 그에게서 자신의 젊은 아내를 빼으려 한다고 생각했다. 동생은 칼을 잡았다. 그러나 곧 생각이 제대로 돌아왔다.

'형은 오랫동안 나를 찾아다녔고 나를 살려 냈어. 형에게 나쁜 마음은 전혀 없어.'

동생이 형에게 말했다.

"형에게 죄를 졌어. 내가 형에 대해 잘못 생각했어. 이 죄를 어떻게 씻어야 할지 모르겠어. 지금 생각난 건데 우리는 두 개의 물방울처럼 닮았고 우리가 데리고 있는 짐승들도 똑같아. 각자 서로 다른 방향에서 마을로 들어가자. 공주가 자기 남편이라고 생각하는 사람이 그녀와 살기로 하자."

두 형제는 마을 입구에서 헤어졌다. 그리고 서로 다른 외곽으로부터 각각 마을로 들어갔다. 하인들이 공주에게 달려와서 말했다.

"서로 다른 외곽으로부터 두 사냥꾼이 오고 있습니다. 나와서 그들 중 누가 남편인지 보세요!"

두 사냥꾼이 공주에게 다가와서 물었다.

"우리 두 사람 중 당신의 남편을 구별할 수 있겠소?"

공주는 두 사냥꾼을 바라보았다. 그들 중 누가 형이고 누가 동생인지 알아볼 수 없었다. 그녀는 그들 곁에 서 있는 짐승들을 보았다. 사자의 목에 걸려 있는 자신의 반지를 보고 물었다.

"이게 누구 사자인가요?"

동생이 말했다.

"내 사자요!"

그러자 공주는 그의 목을 껴안으며 말했다.

"당신이 제 남편입니다. 영원히 저와 함께 남아 주세요!"

두 형제는 궁전에서 우애 있게 살았다. 얼마 후 형은 아름다운 여자와 결혼했다. 늙은 왕이 죽자 두 형제는 왕의 자리를 차지하게 되었고 둘이서 나라를 통치했다.

의붓딸

아주 먼 옛날 한 남자가 살았다. 그에게는 의붓딸이 하나 있었다. 그녀에게는 오빠와 언니가 있었는데 그들은 이복동생을 싫어했다. 동생을 미워하고 일만 시켰다. 마침내 그들은 여동생을 숲으로 데리고 가서 늑대의 먹이가 되도록 버리고 오기로 했다. 오빠가 여동생에게 말했다.

"나와 함께 숲으로 가자. 너는 열매를 따. 나는 나무를 팰게."

의붓딸은 양동이에 실꾸리를 넣고 오빠와 함께 숲으로 갔다. 그들은 숲에 도착해서 들판에 멈추었다. 그때 오빠가 말했다.

"가서 열매를 따. 내가 나무를 다 팰 때까지 돌아오지 마. 도끼 소리가 들리지 않으면 그때 돌아와."

여자아이는 양동이를 들고 열매를 따러 갔다. 그녀가 사라지자마자 오빠는 나무에 큰 방망이를 묶어 놓고 가 버렸다. 여자아이는 숲을 따라 걸었다. 열매를 따다가 가끔 멈추고 오빠가 멀리서 도끼질하는 소리를 듣곤 했다. 여자아이는 계속 걸었다. 그녀는 멀리서 들리는 소리가 오빠의 도끼질 소리가 아니라 나무 방망이가 나무를 찍어 대는 소리라는 것을 전혀 짐작하지 못했다.

"뚝! 딱! 뚝! 딱!"

"오빠는 아직도 도끼질을 하나 보네."

여자아이는 조용히 열매를 땄다. 양동이의 반이 찼다. 이미 저녁이 되었고 나무를 패는 소리도 들리지 않았다. 여자아이는 귀를 기울였다. 주위는 조용했다.

"오빠가 일을 끝냈나 보다. 돌아가야 할 시간이야."

여자아이는 들판으로 돌아왔다. 들판에는 아무도 없었다. 울기 시작했다. 보이는 대로 숲길을 따라 걸었다. 걷고 또 걸었다. 마침내 숲은 끝났다. 들판으로 나왔다. 그런데 갑자기 들고 있던 실꾸리가 떨어져서 굴러가기 시작했다. 실꾸리를 찾으러 갔다. 그녀는 걸으며 말했다.

"내 실꾸리가 굴러갔어요. 누구 못 보았어요?"

여자아이는 말을 치는 목동을 만났다. 목동에게 물었다.

"제 실꾸리가 굴러갔는데 혹시 보지 못했어요?

"봤지. 하루만 나를 위해 일해. 그러면 너에게 말을 내줄 테니 말을 타고 실꾸리를 찾아가."

여자아이는 수락했다. 그녀는 하루 종일 말을 쫓아다니며 살폈다. 저녁에 목동은 그녀에게 말을 내주고 길을 알려주었다. 여자아이는 말을 타고 숲과 산을 지났다. 그녀는 소 떼를 치는 목동을 만났다. 그 목동을 도와 하루 종일 일했고 일한 대가로 소를 얻어 길을 갔다. 그녀는 또 양 떼를 만났다. 목동들을 도와주고 그 값으로 양을 얻었다. 그리고 또 길에서 염소 떼를 만났다. 목동을 도와주고 염소를 얻었다. 여자아이는 가축들을 몰고 갔다. 날은 이미 어두워지고 있었다. 무서웠다.

'어디서 밤을 지내지?'

다행히 멀리서 불빛이 보였다. 여자아이는 아주 기뻤다.

'드디어 사람 사는 곳까지 왔구나!'

여자아이는 말을 재촉해서 빨리 달렸다. 작은 오두막집이 있었다. 그런데 그 오두막집에는 마녀가 살고 있었다. 여자아이는 집으로 들어갔다. 노파가 앉아 있었다. 여자아이는 노파에게 인사를 하고 난 다음 물었다.

"제 실꾸리가 굴러갔는데 혹시 보지 못하셨어요?"

"멀리서 왔구나. 먼저 좀 쉬어. 그리고 나를 도와줘. 그 다음에 실꾸리에 대해 물어봐."

여자아이는 노파 집에서 하룻밤을 묵었다. 다음 날 아침 여자아이는 목욕물을 데우고 노파를 불렀다.

"할머니! 목욕물을 준비했어요. 가서 씻으세요."

"고맙구나. 그런데 너의 도움 없이는 목욕탕까지 갈 수가 없어. 내 팔을 잡고 당겨라. 그러면 자리에서 일어날 수 있을 거야."

"안 돼요, 할머니! 연세가 많은 분을 어떻게 그렇게 할 수 있겠어요. 제가 안고 목욕탕까지 가는 게 낫겠어요."

여자아이는 노파를 안고 목욕탕으로 데려갔다. 노파가 여자아이에게 말했다.

"얘야! 내 머리채를 잡아 바닥에 던져라."

"그렇게 하면 안 돼요."

여자아이는 노파를 일으켜서 바닥에 조심스럽게 앉혔다.

"얘야! 내 등을 더 세게 두들겨. 부드러워진 빗자루의 몸통 말고 딱딱한 손잡이로 두들겨."

"안 돼요. 그렇게 하면 아파요."

그녀는 노파를 말랑한 빗자루의 가운데 부분으로 두들겨 사우나를 시키고[2] 다시 안고 집으로 데려가 푹신한 요 위에 눕혔다. 마녀가 말했다.

"왠지 머리가 가렵구나. 머리를 빗겨 줘."

여자아이는 빗으로 마녀의 머리를 빗겨 주기 시작했다. 그런데 깜짝 놀랐다. 노파의 머리에는 진주와 천연 보석, 금, 은이 가득했다. 여자아이는 아무 말도 하지 않고 노파의

---

2) 사우나를 할 때 혈액 순환을 돕기 위해 빗자루를 사용하는 전통이 있다.

머리를 다 빗긴 후 땋아서 묶었다. 마녀가 말했다.

"얘야! 이제 나를 즐겁게 해 다오. 내 앞에서 춤을 추어라."

여자아이는 거절하지 않고 마녀 앞에서 춤을 추기 시작했다. 여자아이가 춤을 다 추고 나자 노파는 새로운 명령을 내렸다.

"얘야! 부엌에 가서 밀가루 반죽이 다 부풀어 올랐는지 보고 와라."

여자아이는 부엌으로 가서 밀가루 반죽이 들어 있는 통을 보았다. 그런데 통 안에는 진주와 천연 보석, 금과 은이 가득했다. 여자아이가 부엌에서 오자 노파가 물었다.

"얘야! 어때? 반죽이 다 올라왔니?"

"네, 할머니! 올라왔어요."

"됐어! 이제 내 마지막 부탁을 들어 다오. 한 번 더 춤을 추어라."

아무 말도 하지 않고 여자아이는 노파 앞에서 다시 한번 춤을 추었다. 마녀는 여자아이가 마음에 들었다.

"얘야! 이제 집에 가도 좋아."

"할머니! 기쁘기는 한데 저는 길을 몰라요."

"그런 문제쯤은 쉽게 해결해 줄 수 있지. 길을 알려 줄게. 집에서 나가자마자 똑바로 가거라. 절대 돌아보면 안 돼. 이

녹색 상자를 가져가거라. 집에 도착하기 전까지 이 상자를 절대 열어 보지 말거라."

여자아이는 상자를 들고 말을 탄 채 염소와 양을 몰았다. 그녀는 노파에게 작별 인사를 하고 길을 떠났다. 하루 종일 말을 타고 갔다. 저녁 무렵 고향에 거의 다다랐다. 그녀가 집에 거의 다 왔을 때 마당에서 개들이 짖어 댔다.

"그들이 그녀를 죽이려 했지만 그녀는 부자로 잘살 거야! 멍! 멍!"

"우리 개가 미쳤나 봐!"

오빠가 소리를 지르며 마당으로 나와서 막대기로 개들을 쫓았다. 개들은 사방으로 뿔뿔이 흩어지면서도 짖는 것을 멈추지 않았다.

"그들이 그녀를 죽이려 했지만 그녀는 부자로 잘살 거야! 멍! 멍!"

이복오빠와 언니는 동생이 문으로 들어오는 것을 보았다. 동생은 말에서 내려 집으로 들어왔다. 그리고 상자를 열었다. 그 안에는 금과 은, 진주, 갖가지 비싼 보석이 가득 있었다. 오빠와 언니는 샘이 났다. 그들도 보석을 가지고 싶었다. 동생에게 어떻게 된 일인지 자세히 물었다.

이복언니는 실꾸리를 가지고 오빠와 함께 숲으로 갔다. 숲에서 오빠는 나무를 팼고 언니는 열매를 따기 시작했다.

언니의 모습이 사라지자마자 오빠는 나무 막대기를 나무에 매달고 가 버렸다. 언니가 들판으로 돌아왔으나 오빠는 없었다. 그녀는 숲을 따라 걸어갔다. 얼마 후 말을 치는 목동을 만났다. 그녀는 목동에게 물었다.

"제 실꾸리가 굴러 왔는데 혹시 보지 못하셨어요?"

"보았지. 하루 동안 일을 해. 그러면 말을 내줄게. 말을 타고 실꾸리를 찾아가거라."

"당신의 말은 필요 없어요."

그녀는 계속 앞으로 걸어갔다. 그녀는 소와 양, 염소 떼를 만났으나 어디에서도 일을 하려고 하지 않았다. 그리고 얼마 후 마녀가 사는 오두막집에 도착했다. 그녀는 집으로 들어가서 말했다.

"제 실꾸리가 굴러갔는데 혹시 보지 못했어요?"

"봤지. 먼저 가서 목욕물을 데워라."

그녀는 목욕물을 데우고 노파에게 돌아왔다. 노파가 말했다.

"얘야! 목욕탕으로 가자. 내 손을 잡고 나를 끌어라."

"좋아요."

이복언니는 노파의 손을 잡고 목욕탕까지 끌고 갔다. 목욕탕에서 노파가 이복언니에게 부탁했다.

"얘야! 내 등을 빗자루의 부드러운 부분이 아니라 딱딱

한 손잡이로 두들겨라."

언니는 노파의 등을 빗자루 손잡이로 사정없이 두들겼다. 노파가 집에 돌아오자 이복언니에게 말했다.

"이제 내 머리를 빗겨라."

그녀는 노파의 머리를 빗기기 시작했다. 노파의 머리는 금과 은, 보석 들로 뒤덮여 있었다. 이복언니의 눈이 이글거렸다. 그녀는 서둘러 주머니에 보석들을 넣었다. 심지어 품속에도 보석을 숨겼다. 노파가 부탁했다.

"얘야! 이제 춤을 추어라."

이복언니는 춤을 추기 시작했다. 그녀의 주머니에서 금과 보석들이 떨어졌다. 마녀가 그것을 보고 아무 말도 하지 않았다. 마녀는 그녀에게 반죽이 다 되었는지 보고 오라고 했다. 그녀는 부엌에 가서 반죽 통을 보았다. 통에는 금은보석이 가득했다. 이복언니는 참지 못하고 다시 주머니에 금과 은을 가득 넣었다. 그녀는 생각했다.

'그 아이가 이렇게 부자가 되었구나.'

이복언니가 돌아오자 마녀는 또 춤을 추게 했다. 그녀의 주머니에서는 금과 은이 또 쏟아졌다. 마녀가 말했다.

"얘야! 이제 집으로 가거라. 이 검은 상자를 가져가거라. 집에 도착하면 이 상자를 열어라."

이복언니는 기뻐하며 상자를 받았다. 그녀는 급한 나머

지 노파에게 고맙다는 인사도 하지 않고 집을 향해 뛰었다. 잠시도 쉬지 않고 서둘러 갔다. 사흘째 되는 날 고향에 거의 다다랐다. 그녀가 집으로 다가오자 개들이 마당에서 짖기 시작했다.

"그녀는 부자가 되고 싶어 했으나 살날이 얼마 남지 않았네! 멍! 멍!"

오빠가 그 소리를 듣고 마당으로 나와서 개들을 쫓았다. 그런데 개들은 계속 짖었다.

"그녀는 부자가 되고 싶어 했으나 살날이 얼마 남지 않았네! 멍! 멍!"

언니는 집으로 오자마자 아무 말도 하지 않고 서둘러 상자를 열었다. 그녀가 뚜껑을 열자마자 상자에서 뱀이 기어나와 그녀를 물어 버렸다.

지주와 일꾼

한 지주가 일꾼을 고용했다. 지주가 일꾼에게 말했다.

"계약 기간을 채우기 전에 떠나지 않고 끝까지 일하면 너에게 백 루블을 지불하마."

지주는 아주 인색했고 일꾼들을 형편없이 먹여서 일꾼들은 기간을 채우지 않고 나가기 일쑤였다. 그러나 이 일꾼은 완고한 사람이었다. 그는 참고 묵묵히 지주 집에서 일했다. 계약 기간이 얼마 남지 않았다. 지주는 그에게 백 루블을 주고 싶지 않았다. 그래서 어떻게 하면 돈을 주지 않고 쫓아 버릴까 곰곰이 궁리하기 시작했다. 마침 그때 지주의 소 한 마리가 사라졌다. 지주는 일꾼에게 숲으로 가서 소를 찾아보라고 명령했다. 그리고 혼자 속으로 생각했다.

'숲은 아주 넓으니까 길을 잃어 돌아오지 못할 거야.'

일꾼은 숲으로 갔다. 거기에서 곰을 만났다. 일꾼은 곰을 잡아서 지주 집 마당으로 데리고 와서 창문에 대고 소리쳤다.

"소를 받으세요!"

지주가 집 안에서 대답했다.

"소를 외양간에 가두어라."

일꾼은 곰을 외양간에 가두었다. 곰은 밤새 송아지들을 다 물어 죽였다. 다음 날 아침 지주의 하녀가 우유를 짜러 외양간에 가서 문을 열자마자 곰이 뛰쳐나와 숲으로 달아났다. 지주는 숲에 심어 놓은 무를 지키라고 일꾼을 숲으로 보냈다. 일꾼에게 먹을 것을 아무것도 주지 않았다. 지주는 생각했다.

'아마 숲에서 굶어 죽을 거야.'

일꾼은 숲의 들판에서 무 밭을 찾아다녔다. 그는 나무 위에 올라가서 피리를 불기 시작했다. 슈랄레[3]가 음악 소리를 듣고 들판으로 뛰어와서 춤을 추기 시작했다. 슈랄레는 오랫동안 춤을 추어서 피곤했다. 슈랄레가 일꾼에게 소리쳤다.

"아저씨! 잠시 옆에 앉아서 쉬어도 될까요?"

"이리로 올라와."

슈랄레는 나무로 올라가 나뭇가지에 앉아 일꾼에게 간지럼을 태웠다. 그러자 일꾼은 도끼로 나뭇가지를 내리쳤

---

3) 타타르 민담 속의 전설적 존재로 작은 키에 등이 굽고 긴 손톱을 가지고 있으며 이마에 뿔이 있는 형상으로 묘사된다. 사람과 말을 해치며 간지럼을 태워 사람을 죽인다. 물을 무서워하기 때문에 슈랄레를 만나면 물로 뛰어들면 된다.

다. 슈랄레가 나무에서 떨어졌다. 일꾼은 나무에서 내려와 그를 끈으로 묶고 그의 품에 무를 넣어 주인에게 끌고 왔다.

"주인님의 무를 훔친 도둑을 잡았습니다."

지주는 손을 흔들었다.

"당장 그것을 놓아주어라. 너는 숲에 있는 모든 슈랄레를 도둑이라고 데리고 올 거지?"

일꾼은 아무 말도 하지 않고 슈랄레를 놓아주었다. 지주에게는 오래된 곡식 창고가 있었는데 그는 거기 가는 것을 무서워했다. 그 창고에 귀신이 살아 곡식을 가져간다고 생각했다. 지주는 생각했다.

'아마 저 미운 일꾼 놈은 여기가 마지막일 거야.'

지주는 곡식을 가져오라고 일꾼을 창고에 보냈다. 일꾼은 만일을 대비해 각목을 가지고 창고로 갔다. 그는 창고 쪽으로 다가갔다. 안에서 짹짹거리는 소리가 났다.

"어디 두고 봐. 내가 귀신을 쫓아 버리고 말 거야."

일꾼은 위협적인 목소리로 소리를 지르고 손을 쳐들어 각목으로 창고 문을 부수었다. 창고에는 굶주린 고양이들이 가득했다. 고양이들은 사방으로 도망갔다. 그런데 고양이 한 마리가 도망갈 데를 찾지 못하고 일꾼 손에 잡혔다. 일꾼은 고양이를 잡아서 곡식을 묻혀서 지주에게 데리고 갔다. 그는 지주에게 말했다.

"주인님의 곡식을 훔친 도둑을 잡았습니다."

"넌 또 이상한 괴물을 나에게 데리고 왔구나! 빨리 놓아 주어라!"

놀란 지주는 소리를 지르고 그 자리에서 일꾼에게 백 루블을 주며 말했다.

"여기 백 루블이 있다. 빨리 여기에서 나가!"

그렇게 일꾼은 자신의 기지 덕분에 생명을 지켰고 인색한 지주에게서 백 루블을 받아 무사히 집으로 돌아왔다.

세 마리 비둘기

아주 먼 옛날 아주 가난한 사람이 살고 있었다. 그에게는 아들이 하나 있었다. 그는 사는 게 너무 힘들어서 어릴 때부터 돈을 벌어 오라고 아들을 집에서 내보냈다. 아들은 고향을 떠나 아주 먼 타지로 가서 여러 지주 집에서 오랫동안 일했다. 세월이 흘러 아들은 성인이 되었다. 아들은 부모님이 계신 고향으로 돌아가기로 결심했다. 잘 알다시피 당시 가난한 사람들은 걸어서 이동할 수밖에 없었다. 성인이 된 우리의 청년은 길을 떠났다. 그는 자루에 약간의 빵을 넣고 출발했다. 일주일을 걸었다. 한 달을 걸었다. 양식은 거의 떨어졌고 빵 한 개만이 남았다. 그는 남은 빵을 뜯어 먹고 물로 목을 축이며 계속 걸었다. 마침내 아주 울창한 숲에 다다랐다. 숲을 따라 걷고 또 걸었다. 숲길은 점차 좁은 오솔길로 변하고 있었다. 청년은 생각했다.

'이 길을 따라 걸으면 숲이 끝날 거야. 이 길을 따라가면 어디든 나가게 될 거야.'

청년은 오랫동안 그 길을 따라 걸었다. 마침내 높은 산이 나왔다. 꼭대기를 올려다보니 모자가 머리에서 떨어질 정도로 높은 산이었다. 청년은 생각했다.

'저 산을 오르고 말 거야!'

청년은 가파른 절벽과 큰 바위를 기어오르고 깊은 낭떠러지를 돌아서 3주 만에 산의 정상에 올랐다. 정상에 올라 주위를 둘러보았다. 사방에 아름다운 꽃이 피어 있었고 진귀한 나무가 자라고 있었다. 나무에는 열매들이 달려 있었다. 눈앞에서 모든 것이 밝게 빛나고 있었다. 한눈에 모든 것이 다 보였다.

청년은 정상에 서서 바라보았다. 아무리 봐도 아름다운 경치가 싫증이 나지 않았다. 그는 한곳을 응시했다. 멀리 또 높은 산들이 있고 산들 사이에 계곡이 있었다. 계곡에 아주 아름다운 정원으로 둘러싸인 예쁜 집이 있었다. 청년 사냥꾼은 생각했다.

'저 집에 사람이 살고 있을 거야.'

그는 집을 향해 나 있는 길을 따라 내려갔다.

청년은 정원으로 들어갔다. 아무도 없었다. 집 안으로 들어갔다. 아무도 없었다. 주위는 아주 조용했다. 청년은 이 방 저 방을 들어가 보았다. 집 안 어디에도 사람 그림자 하나 없었다. 청년은 배가 몹시 고팠다.

'이런 집에 설마 먹을 것이 없을까?'

청년은 찬장을 열어 보고 깜짝 놀랐다. 찬장은 다양한 음식으로 가득했다. 찐 것, 튀긴 것 등 온갖 음식이 다 있었다.

그는 마루 밑 지하실 문을 열었다. 거기에는 여러 음료가 담긴 항아리와 통들이 가득했다. 청년 사냥꾼은 배불리 먹고 마시고 나서 생각했다.

'기다리면 누구든 꼭 올 거야!'

청년은 잠시 누웠다. 눕자마자 깊은 잠에 빠졌다. 오랫동안 잠을 잤다. 청년이 잠에서 깼다. 무언가 시끄러운 소리가 들렸다. 숨소리를 죽이고 귀를 기울였다. 시끄러운 소리가 점점 가까이 들렸다. 재빨리 몸을 숨기고 숨을 죽였다. 갑자기 창문이 활짝 열리더니 세 마리 비둘기가 날아들었다. 세 번 날갯짓을 하자 비둘기들은 세 사람의 젊은 사냥꾼으로 변했다. 그들이 서로 이야기를 나누기 시작했다. 그들은 한숨을 쉬며 말했다.

"또 운이 없어! 또 아무 소득이 없어!"

사냥꾼들은 그렇게 말하고 나서 식탁을 차렸다. 한 사냥꾼이 찬장으로 다가갔다. 그릇들이 제자리에 있지 않고 옮겨져 있었다. 그는 친구들을 불렀다.

"누군가 여기에서 주인 행세를 했어!"

"이제까지 이런 일이 한 번도 없었는데. 도대체 누가 어떻게 우리 집에 왔지?"

그들은 방을 뒤졌다. 한 방에서 우리의 청년을 찾아냈다. 청년은 생각했다.

'나를 어떻게 할까?'

그런데 그들은 청년을 앞에 앉혀 놓고 묻기 시작했다.

"너는 누구니? 어떻게 여기까지 왔니? 어디로 가는 길이니?"

청년은 그들에게 자신에 대해 이야기했다. 오랫동안 낯선 변방에서 일했고 부모님이 보고 싶어 고향으로 가는 길이라고 말했다. 그들은 청년이 정직하고 착하며 어떤 해도 입히지 않을 사람이라는 것을 알게 되었다. 그들은 청년을 위로하고 음식을 대접하고 나서 말했다.

"만약 여기가 마음에 들면 우리 집에서 1년 동안 일해. 그리고 떠나."

우리의 청년은 그들 집에 남겠다고 말했다. 청년은 음식 만드는 일을 하게 되었다. 세 마리 비둘기이자 사냥꾼들 집 뒤에는 일곱 개의 창고가 있었다. 우리 청년이 그들 집에서 함께 살게 된 지 보름이 지난 후 그들은 청년에게 창고 열쇠를 주고 창고에 무엇이 있는지 알려 주었다. 여섯 창고를 돌고 나서 마지막 일곱 번째 창고에 다다르자 비둘기들은 청년에게 금으로 된 열쇠를 가리키며 말했다.

"이것이 일곱 번째 창고 열쇠야. 우리 허락 없이는 절대로 열면 안 돼."

다음 날 아침 사냥꾼들은 비둘기로 변해서 어디론가 날

아갔다. 비둘기들은 아침에 나갔다가 저녁에 돌아오곤 했다. 그리고 우리의 청년도 자신이 맡은 일을 충직하게 잘해 나갔다. 그렇게 하루하루가 지나갔다. 한 달이 지났다. 또 한 달이 지나고 반년이 지났다. 이제 우리 청년은 강한 호기심을 참을 수 없게 되었다.

'일곱 번째 창고에 무엇이 있는지 한번 봐야겠어!'

비둘기들이 밖으로 날아가 버린 어느 날 청년은 일곱 번째 창고로 갔다. 그는 금 열쇠를 찾아 금 자물쇠를 열었다. 그러고 나서 문을 살짝 열고 안을 들여다보았다. 창고에서 강렬한 햇빛이 새어 나왔다. 우리의 청년은 문을 조금 더 열고 보았다. 창고 안에는 열나흘 밤이 지나 꽉 찬 보름달처럼 빛나는 아주 아름다운 여자가 앉아 있었다. 여자는 청년을 보자마자 반복해서 말하기 시작했다.

"내 모자! 내 모자!"

청년은 여자의 아름다움에 감탄했다. 그러나 여자의 말을 도무지 알아들을 수가 없었다.

'어떤 모자에 대해 말하는 거지?'

청년은 창고 문을 걸어 잠그고 그곳을 떠났다. 저녁이 되자 창문이 활짝 열렸다. 비둘기들이 집으로 돌아와서 사람으로 변했다. 그들은 식사를 하려 자리에 앉았다. 그때 우리의 청년이 물었다.

"여기에서 일한 지도 벌써 반년이 지났는데 아직 저는 당신들이 아침에 어디로 가서 어디에 있다 오는지 몰라요."

사냥꾼들은 서로 번갈아 쳐다보더니 가장 나이가 많은 사람이 말했다.

"너는 우리 집에서 일을 너무 잘하고 있고 우리는 너에게 아주 익숙해졌어. 우리는 너를 믿어. 그래서 말인데 우리가 매일 어디로 가는지 숨기지 않고 말해 줄게. 나는 아주 젊을 때부터 한 공주를 사랑했어. 그런데 괴물이 그녀를 훔쳐 갔어. 22년 동안 우리는 그녀를 괴물에서 벗어나게 하려고 애썼어. 마침내 우리는 그녀를 괴물로부터 구출했는데 그녀의 모자가 괴물에게 남아 있어."

"어째서 그 모자가 그녀에게 필요한 거죠?"

"그 모자 없이 여자는 이 세상으로 나올 수가 없어. 그녀는 아무것도 이해하지 못한 채 자신의 모자를 손에 넣을 때까지 완전한 암흑 속에 있어야만 해. 그래서 우리는 매일 괴물이 사는 곳으로 날아가서 그 모자를 손에 넣으려고 애를 쓰고 있어. 그러나 아무것도 할 수가 없어."

"그녀에게 다른 모자를 주면 안 돼요?"

"다른 것은 안 돼. 어린 시절 그녀에게 만들어 준 그 마법의 모자만이 필요해."

"제가 도울 수는 없을까요? 아마도 제가 괴물에게 다가가 그 모자를 가져올 수 있을 것 같은데요. 괴물은 먼 데 사나요?"

가장 나이가 많은 사냥꾼이 말했다.

"아주 먼 데 살아. 너는 거기까지 갈 수 없어. 괴물에게 가기 위해서는 일곱 개의 바다를 지나야 해. 일곱 개의 바다를 지나고 나면 여덟 번째 바다가 나와. 그 바다 한가운데 섬이 하나 있어. 바로 그 섬에 괴물의 궁전이 있어. 모자가 그 궁전에 숨겨져 있어."

"혹시 괴물이 모자를 어디에 숨겼는지 아세요?"

"알아. 괴물에게는 마흔 개의 자물쇠가 달린 철로 만든 궤가 있어. 궤 안에 또 궤가 있는데 마흔 번째 궤 안에 보석함이 하나 있어. 그 보석함 안에 또 마흔 개의 보석함이 있어. 바로 그 마흔 번째 보석함에 마법 모자가 숨겨져 있어."

"그럼 그 마흔 개의 궤를 어떻게 열어야 하나요?"

"그게 무척 어려워. 마흔 개의 궤가 서로 다른 자물쇠로 잠겨 있고 각각의 자물쇠마다 열쇠가 각각 있어."

청년이 곰곰이 생각하더니 말했다.

"어려운 일이네요. 모자를 손에 넣는 것은 불가능해요. 공연히 그렇게 애쓰고 고심하는 것 아니에요?"

"네 말이 맞아. 아주 어려운 일이지. 그러나 포기할 수 없어. 그러니 우리가 너에게 변신술을 가르쳐 줄게. 네가 우리

보다 운이 좋을 수도 있으니까."

세 마리 비둘기는 우리의 청년에게 요술을 가르쳐 주었다. 청년은 영리하고 민첩해서 세 달 후에는 이미 비둘기들 못지않은 요술을 부릴 수 있게 되었다. 원하는 대로 새도 되고, 짐승도 되고, 풀도 될 수 있었다. 원하는 대로 어떤 모습으로도 변할 수 있었다. 비둘기들은 자기들끼리 서로 상의하더니 말했다.

"이제 너는 마법의 기술을 지니게 되었어. 원한다면 괴물의 궁전으로 가서 모자를 가지고 와."

우리의 청년은 지체하지 않고 바로 길을 떠날 채비를 했다. 한 비둘기가 그에게 빗을 주며 말했다.

"이 요술 빗을 줄게. 괴물에게 쫓겨 잡힐 것 같으면 이 빗을 괴물과 너 사이에 던져. 그러면 바로 아주 울창한 숲이 나타날 거야."

다른 비둘기는 사냥꾼에게 숫돌을 주며 말했다.

"만약 괴물이 너를 붙잡으려고 하면 괴물과 너 사이에 이 숫돌을 던져. 아주 높은 산이 우뚝 나타날 거야. 그러면 괴물이 너를 붙잡을 수 없을 거야."

세 번째 비둘기는 사냥꾼에게 거울을 주고 나서 말했다.

"만약 위험이 닥치면 괴물과 너 사이에 이 거울을 던져. 그러면 바로 넓고 깊은 바다가 나타날 거야. 너는 다른 해안가에 있게 되어 괴물의 추격으로부터 목숨을 구하게 될 거야."

우리의 청년은 비둘기들과 작별 인사를 나누고 빗과 숫돌, 거울을 가지고 길을 떠났다. 그는 짐승으로 변해 들판을 달렸고, 새로 변해 숲 위를 날았고, 물고기로 변해 강을 헤엄쳤다. 수많은 어려움을 겪고 괴로움을 이겨 내 일곱 개의 산을 넘고 바다를 건넜다. 마침내 그는 여덟 번째 바다에 다다랐다. 그 바다 한가운데 섬이 있었고 그 섬에 크고 아름다운 집이 있는 것이 보였다. 우리의 청년은 섬 쪽으로 다가가 집을 둘러싸고 있는 아름다운 정원으로 들어갔다. 정원의 나무에는 한 번도 본 적이 없는 새들이 다양한 소리로 지저귀고 있었다. 청년은 창문을 통해 안을 들여다보았다. 한 여자가 앉아 있었다. 청년은 생각했다.

'나이팅게일로 변해 궁전 옆 나무에 앉아 노래해야겠다. 아마 여자가 내 노래를 들으면 정원으로 나올지 몰라.'

즉시 청년은 나이팅게일로 변했다. 새는 궁전 쪽으로 날아가서 창가의 나뭇가지에 앉아 구슬피 노래하기 시작했다. 잠시 후 문이 열리더니 여자가 나왔다. 그녀는 나무로 다가와서 나이팅게일의 소리를 듣기 시작했다. 새가 어찌나 구슬피 아름답게 노래하는지 여자는 눈물을 참을 수 없었다. 그만 여자는 울음을 터뜨렸다. 청년은 그녀의 모습이 너무 아름다워 순간 정신을 잃고 사랑에 빠졌다. 청년은 더 낭랑하게 노래하기 시작했다. 여자는 오랫동안 나이팅게일의 노래를 들었다. 여자는 새를 잡고 싶어졌다. 여자는 나무로 다가가 가지로 손을 뻗었다.

나이팅게일의 노랫소리에 반해 그것을 잡으려고 하는 여자는 잠시 내버려 두고 궁전의 주인인 괴물에 대해 이야기해 보자.

그 궁전의 주인은 젊고 아름다운 여자들을 훔치는 괴물이었다. 얼마 전 괴물은 어느 왕의 딸을 훔쳐서 자신의 궁전으로 데려왔다. 그런데 지금 괴물은 섬에 없었다. 다른 괴물과 싸우기 위해 군대를 끌고 먼 나라로 갔다. 떠나기 전에 괴물은 왕의 딸에게 말했다.

"나는 숙적인 다른 괴물과 싸우러 떠난다. 너는 이 궁전에 완전히 혼자 남게 될 거야. 도망치려고 하지 마. 도망치려고 하면 죽음만이 있을 뿐이야!"

괴물은 전투를 하러 떠났다. 여자는 혼자 남게 되었다. 궁전에는 여자를 제외하곤 생명체라곤 찾아볼 수 없었다. 그래서 여자는 나이팅게일의 소리가 들리자 잡으려 했던 것이다. 나이팅게일은 계속해서 노래했다. 여자는 조용히 새에게 다가갔으나 잡을 수가 없었다. 여자가 손을 뻗자 새는 푸득 날아서 다른 나뭇가지로 옮겨 가 다시 구슬피 노래하기 시작했다. 여자는 오랫동안 이 나뭇가지에서 저 나뭇가지로 뛰어다녔으나 새를 잡을 수 없었다. 그러자 여자는 긴 나뭇가지를 들고 나무 가까이 다가가서 새를 때렸다. 새는 나무에서 떨어졌다. 새의 부리에서 피가 흘렀다. 여자는 새가 불쌍해졌다. 여자가 새를 손으로 잡고 말했다.

"내가 무슨 짓을 한 거야? 내가 너를 죽이다니! 지금 이렇게 아름답게 노래했는데 이제 더 이상 노래를 못 하겠구나. 다 나 때문이야!"

여자는 울기 시작했다. 오열을 했다. 여자는 불쌍한 새를 궁전으로 들고 가 푹신한 침대에 누이고 부리에 난 피를 닦아 주기 위해 물을 가지러 방을 나갔다. 여자가 나가자마자 새는 순식간에 청년으로 변했다. 청년은 괴물이 잠근 궤의 열쇠 꾸러미를 찾기 시작했다. 그리고 가장 나이가 많은 비둘기가 사랑하는 여인의 모자가 들어 있는 마흔 개의 자물쇠가 달린 철로 만든 궤를 찾기 시작했다. 그는 방마다 돌아다니며 궤를 살펴보았다. 마침내 그에게 필요한 바로 그 궤를 발견했다. 그는 마흔 개의 자물쇠를 열고 그 궤 안에 있는 마흔 개의 궤를 열었다. 그리고 마흔 개의 보석함을 부수고 여인의 모자를 손에 넣었다.

청년이 철궤를 열려고 할 때 괴물이 바로 알아차렸다. 괴물은 다른 괴물과의 전투를 잊고 재빨리 군대를 불러 모아 자신의 궁전으로 향했다. 다시 괴물에 대해서는 잠시 미뤄두고 우리의 청년에게 돌아가자.

청년이 방으로 들어가려다 여자와 마주쳤다.

"원하는 것은 다 가져가도 좋아요. 그러나 그 모자만은 가져가지 마세요! 괴물이 돌아와서 모자가 없어진 것을 알면 저는 살아남지 못해요!"

"두려워하지 마세요. 괴물은 당신에게 어떤 짓도 하지 못할 거예요. 곧 괴물은 죽을 거예요."

청년은 모자를 품속에 넣고 빠른 날갯짓을 하는 큰 새로 변해서 왔던 곳으로 날아갔다. 그가 멀리 날아가기 전에 괴물이 섬에 들이닥쳤다. 괴물은 자신의 철궤로 돌진했다. 그는 마흔 개의 상자가 모두 열려 있고 보석함들이 부서지고 마법 모자가 사라진 것을 보았다.

괴물은 여자 쪽으로 달려갔다.

"누가 상자를 열었어? 누가 마법 모자를 가져갔어?"

여자는 공포로 몸을 덜덜 떨었다. 흐르는 눈물을 주체하지 못하며 그동안 일어났던 일을 이야기했다. 괴물은 이야기를 다 들은 후 군대를 모아 청년을 잡으러 내달렸다. 청년은 빨리 날았고 괴물도 빨리 내달렸다. 비둘기가 사는 집까지는 딱 사흘이면 도착할 수 있었다. 청년이 뒤를 돌아보았다. 괴물이 바로 뒤에서 따라오고 있었다. 거의 붙잡힐 지경이었다. 그러자 청년은 뒤로 돌아 빗을 던졌다. 청년이 빗을 던지자마자 울창하고 빽빽한 숲이 나타났다. 굵은 나무들이 구름까지 가릴 정도였다. 괴물과 그의 군대가 숲을 통과하는 동안에 청년은 벌써 멀리 날아갔다. 괴물과 군대는 더 빨리 돌진했다. 청년과 괴물 사이의 거리가 점점 좁혀져 청년이 괴물에게 거의 잡힐 것 같았다. 청년은 숫돌을 던졌다. 숫돌은 바로 높은 바위산으로 변했다. 괴물과 군대가 높은 바위산을 올라갔다 내려오는 동안 사냥꾼은 멀리 달아날 수 있었다.

괴물이 바위산을 내려왔다. 그러나 괴물에게는 아직도 힘이 남아 있었다. 괴물은 내달렸다. 청년은 거의 괴물에게 붙잡힐 것 같았다. 청년은 뒤로 돌아 거울을 던졌다. 그러자 청년과 괴물 사이에 크고 깊은 바다가 가로놓이게 되었다. 바다에는 파도가 부서지고 일렁였다. 괴물은 자신의 군대에 해안가에 남아 있으라고 명령하고 혼자서 청년을 따라갔다.

청년은 어느 시골 마을에 도착했다. 한 젊은 여자가 물동이를 들고 걸어가고 있었다.

"아가씨! 그 물동이에 나를 좀 숨겨 주세요. 괴물이 쫓아오고 있어요. 나를 죽일 거예요. 괴물이 당신에게 다가와서 물을 다 따라 버리라고 하면 따라 버리세요. 그러면 나는 수수로 변해 바닥에 흩어질 거예요. 그러면 수수 알을 밟고 서세요. 그렇게 하면 당신이 나를 구할 수 있어요."

청년은 물동이 속으로 들어갔다. 그때 괴물이 들이닥치더니 젊은 여자에게 소리쳤다.

"물을 따라 버려라!"

여자는 물을 따라 버렸다. 그러자 수수 알들이 바닥에 흩어졌다. 괴물은 닭으로 변해 수수 알들을 쪼아 먹기 시작했다. 젊은 여자가 수수 알을 밟고 섰다. 괴물은 수수 알들을 다 쪼아 먹고 나서 혹시 남아 있는 수수 알이 없는지 보려고 주위를 두리번거리기 시작했다. 괴물이 여기저기 살피느라 머리를 이리저리 돌리고 있는 동안에 여자가 발을 들었다. 수수 알이 굴러가다가 큰 매로 변했다. 매가 날아올라 닭에게 덤벼들어 닭을 갈가리 찢어 놓았다. 닭이 비명을 지르기 시작했다. 맞은편 해안가에 있던 군대는 괴물의 비명 소리를 듣고 괴물이 죽었다는 것을 알아차렸다. 군사들은 놀라 뿔뿔이 흩어졌다. 한편 청년은 다시 사람으로 변한 후 젊은 여자에게 도와줘서 고맙다고 말하고 계속 길을 갔다.

우리의 청년이 마법 모자를 가지고 집으로 돌아오자 비둘기 형제들은 청년에게 어떻게 감사해야 할지 몰랐다. 비둘기 형제들이 일곱 번째 창고를 열어 공주의 머리에 마법 모자를 씌웠다. 그러자 그녀에게 의식이 돌아왔다. 공주는 더 아름다워졌다. 비둘기 형제들이 그녀를 바라보았다. 눈이 부셔서 오래 바라볼 수조차 없었다. 그들은 기쁨에 겨워 잔치를 했다. 그녀와 함께 식탁에 앉아 즐거운 시간을 보내게 되었다. 비둘기 형제들이 말했다.

"그가 우리를 위해 많은 일을 해 주었어. 그가 없었더라면 우리는 결코 마법 모자를 손에 넣을 수 없었을 거야. 그에게 뭐든 좋은 선물을 해 줘야 해!"

비둘기 형제들은 생각하고 또 생각했으나 청년에게 어떻게 답례를 해야 할지 좋은 생각이 떠오르지 않았다. 청년에게 직접 물어보기로 했다.

"너는 우리에게 큰일을 해 주었어. 우리 셋이서 할 수 없었던 일을 혼자 해냈어. 원하는 것을 말해. 무엇이든 다 들어줄 테니!"

"어떤 선물도 필요 없습니다! 당신들에게서 마법을 배웠는걸요. 마법은 어떤 비싼 선물보다 값집니다."

공주가 말했다.

"만약 금과 은이 필요 없다면 다른 선물을 받으세요. 비둘기 형제들에게는 늙고 야윈 말 한 마리와 오래 사용해서 너덜너덜해진 채찍과 녹슨 검이 있어요. 그 세 가지는 전부 마법의 힘을 가지고 있어요. 말은 바람보다 더 빨리 달리고, 채찍을 휘두르면 원하는 것이 전부 생길 거예요."

우리의 청년이 비둘기 형제들에게 말했다.

"저에게 정 선물을 하고 싶다면 늙은 말과 채찍, 녹슨 검을 주세요!"

비둘기 형제들은 기뻐하며 두말없이 사냥꾼에게 말과 채찍, 검을 주었다. 그리고 물었다.

"이제 어떡할 거야? 우리 집에서 계속 함께 살 거야 아니면 집으로 갈 거야?"

"여기서는 이미 충분히 잘 살았습니다. 더 이상은 여기에 남지 못할 것 같아요. 부모님이 계신 집으로 가겠어요. 부모님에겐 제가 유일한 자식이에요. 아무도 돌봐 드릴 사람이 없어요. 부모님께 돌아가 노후를 지켜 드려야겠어요."

비둘기 형제들은 청년이 떠나기 전에 칼을 주며 말했다.

"이 칼을 우리 방 천장에 꽂아 둬. 만약 네가 잘 살면 칼은 반짝거릴 거야. 만약 너에게 재앙이 생기면 칼은 녹슬 거야. 이 칼에 나타나는 징조로 우리는 너에게 재앙이 닥친 것을 알게 될 거고 그러면 도우러 갈게."

청년은 칼을 천장에 꽂았다. 청년은 공주와 비둘기 형제들과 작별 인사를 했다. 그러고 나서 다시 한번 마법을 가르쳐 준 것에 대해 비둘기 형제들에게 깊이 감사했다. 청년은 말에 올라타 비둘기 형제가 시킨 대로 말했다.

"집에 가고 싶어!"

청년은 말의 옆구리를 채찍으로 세게 때렸다. 말은 하늘로 날아오르더니 화살보다도 더 빨리 날기 시작했다. 청년의 몸은 몹시 흔들렸다. 청년은 눈을 크게 떴다. 말은 이미 청년의 부모님이 사는 집 옆에 멈췄다. 청년은 말에서 내려 집으로 들어갔다. 부모님은 아들을 보고 너무 기뻐서 울음을 터뜨렸다. 부모님은 아들과 이렇게 다시 만날 수 있으리라고 생각조차 못했었다.

청년은 부모님에게 그가 없는 동안 어떻게 살았는지 물어보았다. 그리고 그동안 자신이 어떻게 살았고 또 얼마나 부모님이 보고 싶었는지 이야기했다. 그리고 나서 청년이 말했다.

"제가 보기에 두 분은 늙고 힘이 약해지셔서 집안일을 하시기 너무 힘든 것 같아요. 일을 도와줄 사람이 필요해요. 제가 젊은 여자와 결혼해서 두 분을 편히 모시겠어요."

부모님은 기뻤다. 어머니가 말했다.

"아들아! 너를 장가를 보내긴 해야 하는데. 어느 집에 중매쟁이를 보내지? 과연 누가 이런 가난한 집에 딸을 보낸단 말이냐?"

"어머니! 슬퍼하지 마세요. 묘안을 생각해 보죠! 중매쟁이는 필요 없어요. 어머니가 직접 중신하세요. 이웃 마을로 가셔서 왕의 딸을 중매하세요. 아마 왕은 딸을 저에게 줄 거예요."

"아이고! 아들아! 어째서 그렇게 절대로 불가능한 일을 꿈꾸니? 설마 왕이 딸을 가난뱅이에게 시집보낼까? 생각도 하지 않는 게 좋겠다."

"어머니! 단념하지 마세요. 왕에게 가서 한번 시도해 보세요. 만약에 왕이 딸을 내주지 않으면 그때 어떡할까 생각해 봐요."

어머니는 왕에게 가기 싫다고 말했다.

"아들아! 아무래도 나쁜 일이 생길 것 같구나."

아들은 물러서지 않고 어머니를 설득했다. 그리고 다시 말했다.

"다녀오세요! 다녀오세요!"

어머니는 어쩔 수 없이 그러겠다고 했다. 어머니는 한쪽 발에는 짚신을 신고 다른 쪽 발에는 장화를 신고 왕이 사는 궁전으로 출발했다. 경비병들은 어머니를 훑어보고는 구걸을 하러 왔다고 생각했다. 어머니에게 빵 한 조각을 던져 주며 말했다.

"가져가서 먹어!"

"동냥을 하러 온 것이 아니에요. 임금님에게 볼일이 있어서 왔어요!"

"무슨 일인데?"

"임금님에게 직접 말하겠어요."

경비병이 왕에게 그 사실을 알렸다.

"짚신 한 짝과 장화 한 짝을 신은 노파가 와서 전하를 뵙기를 청합니다."

왕은 호기심이 생겼다.

"들어오게 하라!"

어머니는 궁 안으로 들어왔다. 왕이 물었다.

"무슨 일로 나에게 왔는가?"

"아이고! 위대한 전하! 제 아들이 얼마 전에 먼 나라에서 돌아와서 결혼을 하고 싶어 합니다. 공주님과 결혼하겠다고 해서 제가 중매쟁이로 왔습니다. 제 아들이 공주님을 아내로 맞게 해 주시길 간청합니다."

"좋아. 내 딸을 자네 아들에게 내어주겠네. 단 조건이 있어. 이 조건을 이행하면 내 딸을 자네 아들의 아내로 내어주겠네."

"어떤 조건입니까?"

"가장 먼저 자네 아들에게 궁전을 짓게 하게. 그 궁전은 내 궁전보다 더 좋아야 하네. 그리고 그 궁전에서 내 궁전을 연결할 금으로 만든 다리를 세우라고 하게. 이게 다가 아니야! 금으로 만든 다리에 금마차가 다니도록 해 주게. 다리 밑으로는 넓은 강이 흐르도록 하고 강을 따라 큰 배들이 다니게 하게. 이것이 또 다가 아냐! 양쪽 강가를 따라 사과나무가 자라도록 하고 사과나무에 달콤한 사과가 주렁주렁 열리게 해야 하네. 만약 자네 아들이 이 조건들을 이행하면 내 딸을 아내로 맞이할 수 있을 거네. 만약 이것을 이행하지 못하면 아들의 목을 자르라고 명을 내릴 거네."

어머니는 왕의 말을 다 듣고 난 후 슬픔에 잠겼다.

'어떻게 저런 불가능한 일을 실행할 수 있단 말인가!'

어머니는 슬픔에 잠겨 집으로 돌아와 아들에게 말했다.

"아들아! 왕이 딸을 너에게 내주는 것에는 동의했어. 그런데 먼저 그가 내거는 조건을 다 들어주어야만 한다고 말했어."

그리고 왕의 요구 조건을 말해 주었다.

"만약 네가 이것을 완수하지 못하면 너의 목을 자른대. 그러게 내가 너에게 말하지 않던? 왕에게서 무언가 좋은 것을 기대하지 말라고. 그는 너를 죽일 거야! 어째서 너는 그런 모험을 감행했니! 설마 왕의 조건을 이행할 수 있다고 생각하니?"

"어머니! 슬퍼하실 필요 없어요. 아마 사람들은 제가 그 조건을 완수할 수 없을 거라고 생각하겠지만 그 일은 저에게 어렵지 않아요! 왕이 말한 조건을 완수할 거예요."

자정이 되었다. 사람들이 잠들자 청년은 비둘기 형제들

이 선물한 채찍을 들고 외딴곳으로 나가 사방을 둘러본 후 채찍을 흔들었다. 그러자 바로 땅 위와 땅속 할 것 없이 세상의 모든 정령들이 청년 곁에 모였다. 정령들이 물었다.

"무슨 명을 내리실 겁니까?"

"왕의 궁전보다 더 좋은 궁전을 지어라. 내 궁전과 왕의 궁전 사이에 금으로 만든 다리를 놓아라. 그리고 그 다리를 따라 금으로 만든 마차들이 다니도록 하여라. 다리 밑으로 큰 강이 흐르게 하고 강을 따라 큰 배들이 다니게 하여라. 강가를 따라 사과나무들이 자라도록 하고 사과나무에 달콤한 사과가 주렁주렁 열리게 하라! 이 모든 것을 아침까지 다 해 놓아야 해!"

정령들이 한목소리로 말했다.

"분부하신 대로 다 해 놓겠습니다!"

정령들은 바로 일을 시작했다. 아직 해가 뜨기도 전에 모든 것을 다 해 놓았다. 왕이 명령한 것보다 더 훌륭하게 해냈다.

아침에 잠에서 깨 밖으로 나온 왕은 자신의 눈을 의심했다. 그의 궁전 맞은편에 다른 궁전이 하나 서 있는 것이 아닌가! 평생 한 번도 본 적이 없는 아주 훌륭한 궁전이었다. 궁전 사이에는 햇빛을 받아 번쩍거리는 금으로 만든 다리가 놓여 있었다. 다리를 따라 금마차들이 이리저리 다니고 있었다. 왕은 다리 밑을 보았다. 큰 강이 흐르고 있었고 강을 따라 큰 배들이 지나가고 있었다. 강가를 보았다. 사과나무들이 있었다. 잘 익은 붉은 사과가 달린 가지들이 축 늘어져 있었다.

마침 멋진 마차 한 대가 왕의 궁전으로 다가왔다. 한 청년이 마차에서 내리더니 말했다.

"전하가 저에게 요구하신 일을 다 했습니다. 이제 약속을 지키셔야죠!"

왕은 몹시 당황해서 어쩔 줄 몰랐다.

"약속을 하긴 했는데 어떻게 약속을 지키지? 내 딸은 이미 오래전에 사라져 버렸어. 산책하러 나갔다 실종되었다네. 가장 훌륭한 용사들을 보내 찾아보았는데 아직까지도 찾지 못하고 있다네. 이제 내가 무엇을 어떻게 해야 하나?"

"그렇다면 제가 직접 공주를 찾아야 할 것 같습니다! 전하의 가장 훌륭한 용사들이 하지 못한 것을 저 혼자 해내겠습니다!"

청년은 집으로 돌아와서 부모님에게 공주를 찾으러 떠나겠다고 양해를 구하고 자신의 말을 타고 출발했다. 가면서 그는 먼저 비둘기 형제들에게 들러야겠다고 생각했다.

'그들은 여기저기를 가 보았고 많은 것을 보았으니 아마도 나에게 좋은 조언을 해 줄 거야!'

비둘기 형제들은 청년을 아주 기쁘게 맞이했다. 청년에게 음식과 차를 대접하고 난 후 어디로 가는 길이냐고 물었다. 청년은 공주를 찾으러 간다고 말했다. 청년의 이야기를 다 들은 비둘기 형제들이 말했다.

"우리는 그녀가 어디에 있는지 누가 그녀를 잡아 갔는지 몰라."

청년 덕분에 마법 모자를 찾게 된 여인이 말했다.

"공주가 지금 어디에 있는지 알아요. 여덟 번째 바다 한가운데 있는 섬에 있는 괴물의 궁전에 갇혀 있는 여자가 바로 그 공주예요. 당신은 이미 거기 갔었잖아요. 제 모자를 거기에서 가져왔잖아요."

그제야 청년은 나이팅게일의 노래를 듣고 눈물을 흘리며 그 새를 잡으려고 했던 여자가 생각났다. 청년은 자신의 말을 비둘기 형제들 집에 놔두고 큰 새로 변해 괴물이 살고 있는 섬으로 날아갔다. 새는 섬에 도착해 땅으로 내려와 원래의 모습으로 돌아갔다. 청년은 궁전으로 들어갔다. 한 아름다운 여자가 창가에 앉아서 슬피 울고 있었다. 여자는 청년을 보고 기뻐했다.

"어디에서 왔어요? 어떻게 여기까지 오게 됐어요? 원래 이 궁전은 나를 훔친 괴물의 궁전이에요. 괴물은 이미 오래전에 군대와 함께 누군가를 뒤쫓아 갔고 저 혼자 남게 되었어요. 부디 조심하세요. 괴물이 돌아올 수 있으니까. 그러면 당신은 죽게 될 거예요."

청년은 여자를 안심시키기 시작했다.

"걱정하지 말아요. 괴물은 절대 오지 않을 거예요. 괴물은 나를 쫓아오다 죽었어요. 이제 내가 당신을 데리러 왔어요. 당신은 제 아내가 될 겁니다!"

청년은 예전에 나이팅게일의 모습으로 여기 와서 괴물의 철궤 속에 있는 모자를 꺼내 갔던 사실에 대해 여자에게 이야기해 주었다.

청년과 공주는 떠날 준비를 했다. 청년은 주문을 외워 공주를 새로 변하게 한 다음 자신도 새로 변했다. 그들은 바다를 건너고 산을 넘어 고향 집을 향해 날아갔다. 한참 동안 날았다. 그들은 바닷가에 마을이 보이자 내려와 인간으로 변한 후 잠시 쉬러 마을의 외곽에 멈추었다. 청년이 여자에게 물었다.

"배도 고프고 목도 마르죠?"

"아니요. 배도 고프지 않고 목도 마르지 않아요. 빨리 집에 갔으면 좋겠어요!"

"나는 배도 고프고 목이 말라요. 좀 요기를 하고 올 테니 여기서 기다리세요."

청년은 여자를 혼자 남겨 두고 한 주막으로 가서 음식을 주문했다. 식탁에는 사람들이 많이 있었다. 그들은 모두 먹고 마시고 있었다. 청년은 사람들과 함께 먹고 마시고 이야기하다가 자신도 모르는 사이 취했다. 청년은 주막을 나와 바닷가로 갔다. 그는 비틀비틀 걸었다. 여자는 그의 모습을 보고 몹시 실망했다.

"도대체 이런 모습으로 어떻게 출발하겠어요? 누워서 좀 주무세요."

청년은 눕자마자 잠이 들었다. 그가 잠을 자는 동안 바닷가로 큰 배 한 척이 다가왔다. 두 용사가 배에서 내렸다. 그들은 여자를 발견하고 다가와서 물었다.

"여기서 뭐 하세요?"

"친구를 지키고 있어요. 친구가 쉬고 있어요."

용사들은 여자를 뚫어지게 응시했다. 한 용사가 말했다.

"그 공주가 아닐까?"

그러자 다른 용사가 초상화를 꺼내 번갈아 보기 시작했다. 두 용사는 여자를 바라보다가 초상화를 보고, 또 여자를 보다가 초상화를 보았다. 두 용사는 여자와 초상화를 보고 또 보고 난 후 여자에게 물었다.

"당신은 누구요?"

"저는 공주예요. 괴물에게 납치됐는데 이제 아버지에게 돌아가는 길이에요."

"당신의 아버지가 당신을 찾으라고 우리를 보냈소. 당신을 찾으려고 오랫동안 헤맸는데 마침내 찾았어요. 당신을 아버지에게 데려가겠소."

여자가 용감하게 말했다.

"저를 찾은 것은 당신들이 아니라 바로 이 젊은 사냥꾼이에요. 이 사람 없이는 어디도 절대 가지 않을 거예요. 그가 잠에서 깨어나면 우리는 가던 길을 계속 갈 거예요."

그러자 용사들은 옆으로 가서 무언가 조용히 말하기 시작했다. 여자는 불길함을 느꼈다. 그래서 몰래 청년의 손가락에 자신의 반지를 끼워 주었다. 용사들이 여자에게 다가와서 말했다.

"사냥꾼은 여기에 남겨 두고 당신은 우리와 함께 가서 왕에게 우리가 당신을 구해 주었다고 말해!"

"아니요. 당신들이 나를 구했다고 말하지 않을 거예요!"

용사들은 불같이 화를 내며 여자를 배로 끌고 갔다. 그리고 잠이 든 청년을 검으로 베어 조각냈다. 여자는 자신을 구한 은인의 죽음을 보고 비통하게 울었지만 아무것도 할 수 없었다.

용사들은 여자를 배로 끌고 갔다. 그리고 서둘러 밧줄을 풀어 배를 출항시키라고 명령했다.

이제 여자는 잠시 남겨 두고 비둘기 형제들이 무엇을 하고 있는지 살펴보자.

어느 날 비둘기들은 우리의 청년이 천장에 꽂아 둔 칼을 살펴보았다. 그런데 칼이 바닥으로 떨어졌다가 다시 올라가서 천장에 꽂혀 있는 것이 아닌가. 칼이 온통 녹슬어 있었다. 비둘기 형제들은 친구에게 무언가 재앙이 생겼다는 것을 알아차렸다. 그들은 즉시 친구를 찾으러 출발했다. 비둘기로 변해서 날아갔다. 그들은 여기저기 가 보았다. 모든 곳을 살펴보았다. 그러나 어디에서도 친구를 찾을 수 없었다. 마침내 바닷가로 날아왔다. 거기에서 조각난 청년이 모래 위에 누워 있는 것을 발견했다. 비둘기 형제들이 조각을 모아서 맞춘 다음 주문을 외우자 청년이 다시 살아났다.

비둘기 형제들이 말했다.

"왕의 딸은 배로 끌려갔어. 그러니 그녀를 여기에서 찾지 마. 서둘러. 집으로 가야 해."

비둘기 형제들은 청년에게 어느 쪽으로 날아가야 할지 알려 주었다. 청년은 새로 변해 날개를 펄럭이며 있는 힘을 다해 날아갔다.

청년은 자신의 집에 도착하자 다시 인간으로 변했다. 청년은 집으로 들어갔다. 그는 부모님에게 그동안 별일 없었는지, 공주에 관해서 들은 것은 없는지 물었다. 어머니가 말했다.

“아이고! 아들아! 왕이 네게 딸을 설마 주겠니? 명성이 자자한 한 용사가 공주를 구해서 집으로 무사히 데려왔어. 왕이 딸을 그 용사에게 줄 거래. 오늘 두 사람의 결혼식이 치러질 거야.”

청년은 그 소식을 듣자 몹시 고통스러웠다. 그는 사실을 알아보기 위해 궁전으로 가기로 결심했다. 궁전에 도착해서 안으로 들어가려고 했으나 주위에 경비병이 서 있었다. 아무도 그를 들여보내지 않았다. 청년은 구석구석 궁전 주위를 살펴보았다. 궁전으로 들어갈 방법이 없었다. 궁전은 높은 담으로 둘러싸여 있었다. 딱 한 곳에 작은 문이 있었는데, 궁전으로 들어가고자 하는 사람은 오직 그 문을 통과해야만 했다. 공주는 그 문 옆에 작은 집을 지어 그 벽에 창문을 뚫으라고 명령했다. 그 창문을 통해 궁전으로 들어오는 모든 사람들을 보고 그들에게 물 한 잔을 주기 위해서다. 공주는 그녀를 진짜로 구한 사람이 올지도 모르니 그것을 알아보기 위해 그런 묘안을 짜낸 것이다.

청년은 궁전 주위를 여러 번 배회했다. 그리고 그 대문을 보게 되었다. 대문을 들어서려는데 공주가 그를 저지하며 말했다.

“먼저 물 한 잔 드세요!”

청년은 잔을 들고 물을 마시기 시작했다. 그때 공주는 그를 훑어보았다. 그의 얼굴과 손을 훑어보았다. 아는 얼굴이긴 한데 도대체 어떻게 그가 여기 있을 수 있단 말인가! 용사들이 그녀의 눈앞에서 그를 죽였는데 말이다.

'아니야. 아마 누군가 다른 사람일 거야.'

그녀는 그의 왼손을 보았다. 손가락에 그녀의 반지가 혹시 있지 않을까 하고. 청년의 손가락은 천으로 동여매어져 있었다.

"손가락이 어떻게 된 거예요? 왜 동여매어져 있어요?"

"칼에 베였어요. 피가 너무 많이 나와서 동여맸어요."

그런데 청년은 공주가 그의 손가락에 끼워 준 반지를 아무도 보지 못하게 하려고 일부러 천으로 동여맸던 것이다.

"형편없는 헝겊으로 손가락을 동여맸군요. 손을 주세요. 제가 직접 다시 동여매 드릴게요."

"그러실 필요 없습니다."

"다시 매 드릴게요. 주세요. 한결 나아질 거예요!"

청년은 승낙했다. 공주가 손가락의 천을 풀었다. 공주는 놀랐다. 청년의 손가락에서 반지가 온갖 무지갯빛으로 반짝이고 있었다. 공주가 뛰어나와 청년의 목을 껴안았다.

"용사들이 당신을 죽였어요. 내 눈으로 그들이 당신을 조각내는 것을 봤어요. 그러나 저는 반드시 당신이 다시 살아나리라고 믿었어요. 그래서 결혼식을 연기하고 당신을 기다렸어요!"

공주는 청년의 손을 잡고 왕에게 가서 말했다.

"사랑하는 아버지! 저를 구한 것은 저 용사들이 아니라 이 사냥꾼이에요. 만약 믿지 못하신다면 이 반지를 보세요. 저를 구해 준 답례로 이 사냥꾼에게 제가 반지를 선물했어요. 저 용사들은 사악한 거짓말쟁이예요!"

왕은 용사들을 향해 불같이 화를 냈다. 왕을 속인 대가로 그들을 참형에 처하라고 명했다. 그리고 딸을 그 자리에서 청년에게 시집보냈다. 40일 동안 결혼식이 치러졌고 50일 동안 흥겨운 피로연이 계속되었다. 결혼식에 온 손님들이 다 돌아가고 난 후 청년은 공주와 함께 자신의 궁전으로 갔다. 청년은 부모님을 궁전으로 모시고 와서 모두 행복하고 즐겁게 살았다.

나는 오늘 그들 집에 갔다가 어제 돌아왔다. 춤도 조금 추고, 조금 먹고, 조금 마셨다. 입에 들어오는 것 없이 냄새만 맡았다![4]

---

4) 동화를 끝맺는 문구다.

돈보다 값진 지식

옛날 옛적에 한 노인이 살았다. 그에게는 열다섯 살 된 아들이 하나 있었다. 아들은 하는 일 없이 매일 집에 있는 것이 싫증났다. 아들은 아버지에게 부탁하기 시작했다.

"아버지에게 삼백 탄가가 있죠? 제게 그중 백 탄가만 주세요. 다른 지역에 가서 사람들이 사는 모습을 보고 올게요."

아버지와 어머니가 말했다.

"이 돈은 너를 위해 우리가 준비해 둔 거야. 만약 이 돈이 장사를 하기 위해 필요하다면 가지고 가거라."

아들은 백 탄가를 가지고 이웃 마을로 갔다. 그는 거리를 여기저기 걷다가 어떤 정원에 들어갔다. 정원에는 높은 건물이 하나 있었다. 창문으로 안을 들여다보니 책상에 젊은 사람들이 앉아서 무언가를 하고 있었다.

아들은 흥미가 생겼다. 지나가는 사람을 붙잡고 물었다.

"뭐 하는 집이에요? 사람들은 여기서 무엇을 하는 거예요?"

"여기는 학교야. 사람들은 글을 배우는 거야."

그는 글을 배우고 싶어졌다. 그는 건물로 들어가서 선생님을 찾았다.

“무슨 일로 왔니?”

“글을 배우고 싶어요.”

“아주 기특한 생각이야. 칭찬해 줄 일이야. 기꺼이 너에게 글을 가르쳐 주마. 그런데 무료가 아니란다. 백 탄가 있니?”

아들은 그 자리에서 백 탄가를 내어주고 글을 배우기 시작했다.

1년 후 아들은 글을 다 깨우쳤다. 그는 학생들 중에서 글씨를 가장 빨리 잘 쓰게 되었다. 선생님이 말했다.

“이제 너는 여기에서 더 이상 할 게 없다. 집으로 돌아가거라.”

아들은 집으로 돌아왔다. 아버지와 어머니가 물었다.

“아들아! 얘기해 봐. 1년 동안 돈은 많이 벌었니?”

“아버지! 백 탄가를 그냥 쓸데없이 쓴 게 아니에요. 그 돈으로 글을 배웠어요. 아시겠지만 글을 모르고서는 장사를 할 수 없어요.”

아버지가 고개를 저었다.

“그런데 아들아! 내가 보기에 너는 머리가 좀 모자란 것 같다. 글을 배웠다고? 그게 무슨 소용인데? 네가 대단한 관리라도 될 줄로 생각하니? 한 마디로 말해 너는 완전 멍청이야!"

"아버지! 그렇지 않아요! 제가 깨우친 글로 큰돈을 벌 수 있을 거예요. 제게 다시 백 탄가를 주시면 다른 곳으로 가서 장사를 시작할게요. 이번에는 제가 배운 글이 아주 쓸모가 있을 거예요."

아버지는 아들의 이야기를 듣고 나서 또 백 탄가를 주었다. 이번에 청년은 다른 마을로 갔다. 그는 도시를 돌아다니며 이것저것을 두루 살폈다. 그는 한 정원으로 들어갔다. 거기에 크고 높은 건물이 있었고 건물에서 음악 소리가 새어 나왔다. 그가 지나가는 사람에게 물었다.

"무엇을 하는 건물이에요?"

"여기는 바이올린을 가르치는 곳이다."

그는 안으로 들어가서 선생님을 찾았다. 선생님이 그에게 물었다.

"뭐가 필요하니? 무슨 일로 왔니?"

"바이올린을 배우러 왔어요."

"우리는 공짜로 가르치지 않아. 만약 1년에 백 탄가를 낼 수 있으면 배울 수 있어."

청년은 깊이 생각하지 않고 자신이 지닌 백 탄가를 내주고 배우기 시작했다. 1년 만에 그는 바이올린을 다 배워서 그 누구하고도 비교할 수 없을 정도의 실력이 되었다. 그는 여기에서 더 이상 할 게 없었다. 집으로 돌아가야만 했다.

아들이 집에 오자 아버지와 어머니가 물었다.

"장사해서 번 돈은 어디에 있니?"

"아버지! 이번에 저는 돈을 벌지 않았어요. 그 대신 바이올린 켜는 법을 완전히 다 익혔어요."

아버지가 화를 냈다.

"잘하는 짓이다! 너는 평생 동안 내가 번 돈을 3년 안에 다 탕진할 셈이냐?"

"아니에요, 아버지! 공연히 아버지 돈을 탕진한 게 아니에요. 인생을 사는 데 음악도 필요해요. 제게 다시 백 탄가를 주시면 이번에는 많은 돈을 벌어 올게요!"

"백 탄가가 나에게 남은 마지막 돈이다. 가져가든 말든 마음대로 해. 더 이상 너를 위해 줄 돈이 없다!"

청년은 돈을 벌기 위해 세 번째 마을로 갔다. 그는 마을을 둘러보기로 했다. 여기저기 돌아다니며 거리를 기웃거렸다. 그는 큰 정원으로 들어갔다. 거기에 높은 건물이 있었다. 건물 안의 책상에 많은 사람들이 앉아 있었다. 그들은 모두 옷을 잘 입고 있었고 무언가 알 수 없는 일을 하고 있었다. 그는 행인에게 물었다.

"사람들이 이 건물에서 무엇을 하고 있는 거예요?"

"그들은 체스 두는 법을 배운단다."

청년은 체스를 배우고 싶어졌다. 그는 건물로 들어가서 선생님을 찾았다. 선생님이 물었다.

"왜 여기 왔니? 무엇이 필요하니?"

"체스 두는 법을 배우고 싶어요."

"배우고 싶으면 배워. 단 우리는 공짜로 가르쳐 주지 않아. 백 탄가를 내야 해. 돈이 있으면 배울 수 있어."

청년은 선생님에게 백 탄가를 주고 체스 두는 법을 배우기 시작했다. 1년 만에 그는 대단한 실력자가 되어 어느 누구도 그를 이길 수가 없을 정도가 되었다. 그는 선생님과 헤어지고 나서 생각했다.

'이제 어떻게 하지? 부모님에게 돌아가면 안 돼. 무엇을 들고 부모님께 간단 말인가?'

청년은 어떤 일이든지 찾기 시작했다. 그는 어떤 큰 상단이 먼 나라로 출발한다는 것을 알게 되었다. 청년은 그 상단 주인에게 가서 물었다.

"혹시 이 상단에서 일할 사람이 필요하지 않으세요?"

"아주 필요해. 너를 데리고 가마. 먹여 주고 입혀 줄게!"

상단 주인은 청년을 받아들이기로 했고 청년은 상단의 일꾼이 되었다. 다음 날 아침 상단은 먼 길을 떠났다.

그들은 오랫동안 걸었다. 많은 곳을 거쳐 사막에 도착했다. 사막에 오자 말들도 지쳤고 사람들도 지쳤다. 모두들 목이 말랐지만 물은 없었다. 마침내 버려진 오래된 우물을 하나 발견했다. 우물은 아주 깊었고 바닥 깊숙이 물이 있었다. 물은 작은 별처럼 반짝였다. 상인들은 긴 줄에 양동이를 묶어서 우물 속으로 내려보낸 후 줄을 당겨 양동이를 올렸다. 그러나 양동이는 텅 비어 있었다. 다시 양동이를 내려보냈으나 물을 긷지 못했다. 그들은 오랫동안 그렇게 공을 들였지만 헛수고였다. 마침내 줄이 끊어져 양동이가 우물에 빠졌다.

그때 상단 주인이 청년에게 말했다.

"네가 우리 중 가장 젊으니까 아래로 내려가. 우리가 너를 줄에 묶어 내려보낼 테니 왜 양동이에 물이 길어지지 않는지 알아보거라."

상인들은 청년의 허리에 줄을 묶어서 우물 속으로 내려보냈다. 우물 맨 밑바닥까지 내려보냈다. 청년이 살펴보니 우물에는 물이 전혀 없었다. 반짝이는 것은 알고 보니 금이었다. 청년은 양동이에 금을 가득 싣고 꺼내 달라고 줄을 잡아당겼다. 상인들은 금이 든 양동이를 끌어당겼다. 그렇게 많은 금을 얻으리라고는 생각지도 않았기 때문에 상인들은 아주 기뻐했다. 상인들은 다시 청년을 우물로 내려보냈고 청년은 양동이에 금을 가득 채웠다. 상인들은 열다섯 번이나 양동이를 우물로 내려보냈다가 끌어 올리기를 반복했다.

마침내 우물 바닥이 어두워졌다. 금이 하나도 남지 않았다. 그래서 청년은 양동이에 앉아서 올려 달라는 신호를 했다. 상인들이 밧줄을 끌어당기기 시작했다. 그런데 상단 주인은 생각에 잠겼다.

'저 아이를 올려야 할 필요가 있을까? 저 아이는 자신이 금을 발견했으니 우리에게 금을 주지 않고 혼자 차지하겠다고 말할 거야. 저 아이는 우물 속에 있는 게 더 낫겠다.'

주인은 밧줄을 잘라 버렸다. 청년은 우물 바닥에 떨어졌고 그만 정신을 잃었다.

정신이 들자 청년은 주위를 둘러보았다. 우물 벽에 쇠로 만든 손잡이가 보였다. 손잡이를 당겼더니 문이 열렸다. 청년은 안으로 들어갔다. 작은 방이었다. 방 한가운데 침대 위에 야위고 턱수염이 난 노인이 누워 있었다. 노인은 거의 죽어 가는 것 같았다. 노인 곁에 바이올린이 있었다. 청년은 바이올린을 들어서 소리가 나는지 살펴보았다. 소리가 났다.

'어쨌든 이 우물 바닥에서 죽게 될 텐데 마지막으로 바이올린이나 연주해야겠다!'

청년은 바이올린을 켜기 시작했다. 바이올린을 연주하기 시작하자마자 턱수염의 노인이 조용히 일어나 앉았다.

"오! 내 아들! 어디에서 나타난 거니? 바이올린 소리가 아니었다면 나는 이미 죽은 몸이었을 거야. 네가 나에게 생명과 힘을 돌아오게 해 주었어. 나는 이 지하 세계의 지배자다. 네가 원하는 것을 모두 해 주마!"

"아이고! 저는 금도 은도 어떤 부도 필요 없어요. 한 가지만 부탁할게요. 이 우물에서 나가서 상단을 쫓아갈 수 있게 도와주세요!"

청년이 소원을 말하자마자 노인은 그를 안고 우물에서 나와 상단이 떠난 방향으로 갔다. 상단의 모습이 보이자 노인과 청년은 작별 인사를 했다. 노인은 자신의 목숨을 살려준 청년에게 감사했고, 청년은 자신을 도와준 노인에게 진심으로 감사했다. 청년은 바로 상단을 따라잡아 아무 일도 없었던 듯이 상인들과 함께 걸어갔다. 상단 주인은 겁이 났다. 청년이 그를 욕하며 그의 간교함을 질책할 거라고 생각했다. 그러나 청년은 마치 아무 일도 없었던 것처럼 전혀 화를 내지 않았다. 상단과 함께 걸으면서 예전과 똑같이 상냥하게 일했다.

그러나 상단 주인은 안심할 수 없었다. 나쁜 생각이 계속 들었다.

'이 아이는 정말 아주 교활해. 지금은 아무 말도 하지 않지만 마을에 도착하면 바로 자기 금을 달라고 요구할 거야.'

마침내 마을에 도착하기까지 딱 이틀 남게 되자 상단 주인이 청년에게 말했다.

"이 편지를 내 아내에게 전해라. 편지를 전달하면 내 아내가 너에게 아주 큰 선물을 줄 거야."

그렇게 말하고는 상단의 주인은 사악한 미소를 지었다.

청년은 바로 출발했다. 마을에 거의 다다르자 청년이 생각했다.

'상단의 주인은 일말의 수치심도 양심도 없어. 나를 우물에 빠뜨려 죽이려 했고 내가 찾은 금을 다 차지해 버렸어. 그런데 도대체 왜 나를 여기까지 보냈을까?'

청년은 상단의 주인이 준 편지를 읽어 보기로 결심했다. 주인은 아내와 딸에게 안부를 전하며 이번에 아주 큰 재산을 가지고 돌아가게 되었다고 쓴 다음 이렇게 덧붙였다.

"그러나 이 큰 재산을 우리 손에 넣으려면 이 편지를 전해 준 자를 어떻게든 교묘하게 죽여야만 해요."

편지를 읽은 청년은 간교하고 비양심적인 상단 주인을 반드시 혼내 주어야겠다고 결심했다. 청년은 편지의 마지막 줄을 지워 버리고 주인의 필체로 다음과 같이 썼다.

"이 청년 덕분에 당신에게 아주 큰 재산을 가져가게 되었으니 친척들과 이웃 사람들을 초대하고 지체하지 말고 우리 딸을 이 청년에게 시집보내시오. 내가 도착하기 전에 혼례를 치르시오."

청년이 상단 주인의 아내에게 편지를 전달했다. 상단 주인의 아내는 청년을 앉혀 놓고 음식을 대접하기 시작했다. 그러고는 몰래 남편의 편지를 읽었다. 편지를 다 읽고 나서 예쁜 딸의 방으로 가서 말했다.

"얘야! 네 아버지가 너를 저 청년에게 시집보내라고 편지에 쓰셨어. 시집갈 거지?"

처녀는 첫눈에 청년이 마음에 들었다. 그녀가 말했다.

"아버지의 말씀은 저에게는 법이에요. 그 청년에게 시집갈게요!"

바로 온갖 음식과 술이 준비되었다. 친척들과 이웃 사람들을 부르고 승려들과 사원의 종지기들을 초대했다. 처녀와 청년의 결혼식이 치러졌다. 처녀와 청년은 기뻐했다. 모두가 만족했고 즐거워했다. 얼마나 훌륭한 결혼식이었던지!

이틀 후 상단 주인이 집으로 돌아왔다. 상인들이 물건이 든 짐짝을 내려서 마당에 쌓았다. 상단 주인은 상인들에게 일에 대해 지시를 하고 집으로 들어갔다. 아내가 온갖 음식을 차려 놓고 칭찬을 했다. 상단 주인이 물었다.

"우리 딸은 어디에 있소? 왜 아버지를 맞이하러 나오지 않는 거요? 아마 어딘가 마실을 갔나 보지?"

"가긴 어디를 가요? 당신의 명대로 그 아이를 편지를 가져온 청년에게 시집보냈어요. 지금 남편과 함께 있어요."

"멍청아! 무슨 얘기를 하는 거야? 내가 당신더러 그 청년을 죽이라고 시켰잖아!"

"공연히 욕을 하시네. 자, 여기 당신 편지가 있으니 믿지 못하겠거든 직접 읽어 보세요!"

상단 주인은 편지를 읽었다. 틀림없이 그의 필체였다. 그는 노여움으로 주먹을 꼭 쥐었다.

"그를 처치해서 그에게서 벗어나려 했는데 모든 것이 틀어졌어."

엎질러진 물을 담을 수는 없는 법이다. 상단 주인은 청년에게 거짓으로 착하고 다정하게 대했다. 상단 주인은 아내와 함께 청년에게 가서 말했다.

"사위! 내가 자네에게 못할 짓을 했네. 내가 죄인이야! 화내지 말고 나를 용서하게!

청년이 대답했다.

"당신은 탐욕의 노예입니다. 저는 깊은 우물에 던져졌으나 어느 착한 노인 덕분에 거기에서 살아나올 수 있었습니다. 당신은 무슨 수를 써도 결코 나를 죽일 수 없습니다! 꿈도 꾸지 않는 게 좋을 거예요!"

다음 날 청년은 아내와 함께 마차를 타고 마을로 출발했다. 그들은 넓고 아름다운 거리를 달려 아름다운 궁전까지 왔다. 궁전에는 형형색색의 등불이 켜져 있었다. 궁전 앞에는 군중이 모여 궁전을 바라보며 무언가 쑤군거리고 있었다. 청년이 물었다.

"여기는 어떤 궁전이오? 왜 이렇게 많은 사람들이 모여 있는 거요?"

아내가 말했다.

"왕의 궁전이에요. 왕은 그와 체스를 두어 이기는 자에게 공주를 주겠다고 공언했어요. 진 자의 목은 베고요. 이미 많은 청년들이 공주 때문에 죽었지요. 아무도 왕을 이길 수 없어요. 세상에 왕을 이길 자는 없을 거예요."

"내가 왕과 경기를 하겠소!"

그의 젊은 아내는 울면서 애원하기 시작했다.

"가지 말아요. 가면 바로 목을 잃게 될 거예요!"

청년은 아내를 안심시켰다.

"걱정 말아요. 내 목은 온전히 붙어 있을 테니."

그는 궁전으로 들어갔다. 대신들이 앉아 있고 탁자 앞에 왕이 앉아 있었다. 체스판이 놓여 있었다. 왕이 청년을 보고 물었다.

"무슨 일로 왔느냐?"

"체스를 두러 왔습니다!"

"보나 마나 내가 너를 이길 것이다. 그러면 네 목을 자를 거다!"

"자르게 되면 자르십시오. 지금은 경기나 하시지요!"

"네 뜻이 그렇다면! 단 조건이 있다. 내가 세 판을 이기면 네 목을 자를 것이고, 네가 세 판을 이기면 너에게 공주를 주마!"

그들은 대신들이 있는 자리에서 시합을 시작했다. 첫 번째 시합은 왕이 이겼다. 두 번째 시합도 왕이 이겼다. 그는 기뻐하며 청년에게 말했다.

"나를 이기지 못할 거라고 미리 경고했다. 마지막 한 판도 지면 목을 내놓아야 한다."

"해 봐야 알지요. 계속 두시지요!"

세 번째 시합은 청년이 이겼다. 왕은 얼굴을 찡그리며 말했다.

"한 판 더 하자!"

"좋습니다. 원하신다면 그렇게 하시지요."

또다시 청년이 이겼다.

"또 한 판 하자!"

청년이 또 이겼다.

"자! 내 딸을 가져도 좋아! 그런데 네가 만일 또 한 판을 이기면 왕국의 절반을 너에게 줄게!"

시합이 시작되었다. 또다시 청년이 이겼다.

"한 판만 더 하자! 만일 네가 이기면 왕국을 다 줄게."

대신들이 만류했지만 왕은 들으려고 하지 않았다. 또다시 청년이 이겼다.

청년은 공주 대신 왕국을 가졌다. 청년은 부모님을 불러 모두 함께 살게 되었다.

나는 그들 집에 갔었다. 오늘 갔다 왔다. 춤도 추고 먹고 마시고 놀았다. 콧수염을 적셨지만 입에 들어온 것은 아무것도 없었다.

질란[5)]

옛날 옛적에 아주 가난한 사람이 살고 있었다. 그에게는 세 아들과 딸이 하나 있었다. 그는 가난해서 아이들을 먹이고 키우는 것이 힘들었지만 모두 잘 키웠고 아이들에게 다양한 공예 기술을 가르쳤다. 아이들은 모두 기술이 아주 좋았고 노련했으며 날쌨다. 맏아들은 아주 먼 거리에서도 냄새로 어떤 물건인지를 알아맞힐 수 있었다. 둘째 아들은 활을 정확하게 쏘아서 아무리 멀리 있는 목표물일지라도 정확하게 맞힐 수 있었다. 막내아들은 어찌나 힘이 장사인지 어떤 무거운 물건일지라도 힘들이지 않고 들어 올릴 수 있었다. 또 아름다운 딸은 특별한 손재주를 가지고 있었다. 아버지는 다 자란 아이들과 기쁨을 오랫동안 누리지 못하고 그만 죽었다. 이제 아이들은 엄마하고만 살게 되었다.

한편 괴물이 아름다운 딸을 줄곧 눈독 들이고 있었다. 괴물은 그녀를 보자마자 훔쳐야겠다고 생각했다. 오빠들은 그것을 알아차리고는 누이동생 혼자서는 절대로 나가지 못하게 했다. 그런데 어느 날 세 오빠들은 사냥을 하러 갔고

---

5) 폭이 넓은 긴 가운 형태의 실내복.

엄마는 열매를 따러 숲에 가게 되었다. 딸은 혼자 집에 남게 되었다. 오빠들과 엄마는 집을 나가기 전 딸에게 말했다.

"조금만 기다려. 곧 돌아올게. 괴물이 너를 잡아가지 못하도록 자물쇠로 잠그고 갈게!"

오빠들과 엄마는 문을 잠그고 나갔다. 괴물이 집에 딸밖에 없다는 것을 알게 되었다. 괴물은 집에 와서 문을 부수고 딸을 납치했다.

사냥을 갔던 오빠들과 숲에 갔던 엄마가 집에 도착해서 보니 문이 부서져 있었다. 그들은 황급히 안으로 들어갔다. 그러나 집 안은 텅 비어 있었다. 집에 있어야 할 아이가 사라졌다! 오빠들은 괴물이 누이동생을 데리고 갔을 거라고 짐작하고 엄마에게 조르기 시작했다.

"동생을 찾으러 보내 주세요!"

"아들들아! 가거라!"

세 청년은 함께 출발했다. 그들은 오랫동안 걸었다. 수많은 높은 산을 넘었다. 큰아들은 걸으면서 줄곧 냄새를 맡았다. 마침내 그는 누이동생의 냄새를 맡게 되었고 괴물의 발자국을 발견했다.

"바로 여기야. 괴물이 여기를 지나갔어!"

그들은 발자국을 따라갔다. 마침내 울창한 숲에 도달했다. 괴물의 집을 찾아다니던 중 집 한 채를 발견하고 집 안을 들여다보았다. 집 안에 누이동생이 앉아 있었고 괴물이 누이동생 곁에서 깊은 잠에 빠져 있었다. 그들은 살금살금 들어가서 누이동생을 데리고 나왔다. 어찌나 민첩하게 행동했는지 괴물은 깨지 않았다. 그들은 오던 길로 되돌아갔다.

그들은 한나절을 걸었다. 밤에도 쉬지 않고 걸어서 호수 근방까지 오게 되었다. 오빠들은 지쳤고 누이동생도 오래 길을 걸었던 터라 그들은 호숫가에서 하룻밤을 지내기로 결정했다. 그들은 눕자마자 바로 잠들었다.

그런데 바로 그때 충분히 잠을 잔 괴물이 깨어났다. 여자아이가 없어진 것을 알고 집에서 뛰쳐나와 발자국을 찾았다. 괴물은 오빠들을 잡으러 달려갔다. 호수 근방까지 와 오빠들이 곤히 잠들어 있는 것을 보게 되었다. 괴물은 여자아이를 붙잡아 구름 아래로 날아올랐다.

둘째 아들이 시끄러운 소리에 잠을 깼다. 그는 형과 동생을 깨우기 시작했다.

"빨리 일어나. 불행한 일이 일어났어!"

그리고 그는 괴물을 향해 화살을 쏘았다. 화살은 명중했다. 괴물의 오른팔이 떨어져 나갔다. 두 번째 화살을 쏘았다. 화살은 괴물의 몸을 관통했다. 괴물은 여자를 놓아 버렸다. 그대로 두면 여자는 바위에 떨어져 바로 죽음이다. 막내

오빠는 누이동생이 떨어지게 내버려 두지 않았다. 날쌔게 날아올라 누이동생을 받았다.

오빠들은 기쁜 마음으로 계속 걸었다. 엄마는 아들들이 돌아올 때를 대비해서 예쁜 질란을 만들었다. 엄마는 딸을 구한 아들에게 질란을 선물해야겠다고 마음먹었다. 엄마는 아들과 딸이 집에 도착하자 아들들에게 어떻게 누이동생을 괴물에게서 구해 올 수 있었는지 묻기 시작했다. 맏아들이 말했다.

"내가 아니었으면 우리 누이동생이 어디에 있는지조차 몰랐을 거예요. 내가 그 아이를 발견한 덕분이에요!"

둘째 아들이 말했다.

"내가 아니었으면 괴물이 그 아이를 데려갔을 거예요. 내가 괴물을 활로 쏘아 모든 것이 잘된 거예요!"

막내아들이 말했다.

"그런데 내가 떨어지는 그 아이를 제때 잡지 않았더라면 바위에 떨어져 죽었을 거예요!"

아들들의 이야기를 다 들은 엄마는 누구에게 질란을 주어야 할지 난감해졌다.

여러분이라면 세 아들 중 누구에게 질란을 선물할지 묻고 싶다.

귀머거리, 장님, 앉은뱅이

아주 옛날 한 두메 마을에 세 형제가 살았다. 그들은 귀머거리, 장님, 앉은뱅이였다. 그들은 아주 가난하게 살았다. 어느 날 그들은 숲으로 사냥을 가기로 했다. 그들의 오두막집에는 아무것도 없었기 때문에 준비하는 데 오래 걸리지 않았다. 장님은 앉은뱅이를 어깨 위에 앉혔고, 귀머거리는 장님의 팔을 잡고 숲으로 향했다. 그들은 나뭇가지와 잎 등으로 임시 거처를 짓고 산사나무로 활을 만들고 갈대로 화살을 만들어 사냥을 하기 시작했다.

어둡고 축축하고 울창한 숲 속에 작은 오두막집 하나가 있었다. 문을 두드리자 한 여자가 나왔다. 형제들은 여자에게 제안했다.

"우리의 누이동생이 되어 주시오. 우리는 사냥을 다닐 테니 우리 식사를 좀 챙겨 주시오."

여자는 승낙했고 그들은 함께 살게 되었다. 형제들이 사냥하러 가면 여자는 오두막집에 남아 음식을 만들었다.

하루는 형제들이 집에 불을 놓고 가는 것을 잊었다. 여자는 아궁이에 불을 피울 수가 없었다. 그래서 그녀는 큰 나무 위로 올라가 어딘가 가까운 곳에 모닥불이 타고 있지 않을까 살피기 시작했다. 그녀는 멀리서 피어오르는 연기 자락을 발견했다. 나무에서 내려와 그곳으로 서둘러 갔다. 그녀는 울창한 숲 속을 오랫동안 헤맸다. 마침내 외롭게 서 있는 절반은 허물어져 가는 오두막집 한 채가 눈에 띄었다. 여자는 문을 두드렸다. 아주 늙은 노파 예네이가 문을 열어 주었다. 노파의 두 눈은 마치 먹잇감을 발견한 늑대의 눈처럼 이글거렸다. 백발의 머리카락은 마구 헝클어져 있었다. 입속에는 송곳니가 두 개 있었고, 손톱은 흡사 표범의 발톱을 연상시켰다. 어떨 때는 짧아졌다가 어떨 때는 길어졌다. 예네이가 낮은 목소리로 물었다.

"무슨 일로 왔니? 어떻게 여기까지 오는 길을 찾았니?"

"불을 얻을까 해서 왔어요."

여자는 그렇게 대답하고 자신에 대해 이야기했다.

"우리는 이웃 간이구나. 어쨌든 좋아. 들어와. 편하게 생각해."

예네이는 그렇게 말하고 깔깔 웃었다. 노파는 여자를 집 안으로 안내했다. 노파는 못에서 체를 떼어 내 체에다 타다 남은 재를 뿌리고 아궁이에서 뜨거운 숯을 긁어모았다. 여자는 숯이 담긴 체를 들고 노파에게 고맙다고 인사하고 떠났다.

집에 돌아와서 여자는 아궁이를 지피기 시작했다. 그런

데 그때 문을 두드리는 소리가 났다. 여자는 문을 열었다. 문턱에 노파 예네이가 서 있었다. 노파는 문턱에서 말했다.

"혼자 있는 게 심심해서 놀러 왔어."

"그래요? 들어오세요."

예네이는 오두막집으로 들어와서 바닥에 깔린 양탄자에 앉았다.

"얘야! 네 머리에서 이를 찾아 줄까?"

여자는 승낙했다. 여자는 노파의 무릎을 베고 누웠다. 노파는 그녀의 머리에서 이를 오랫동안 계속해서 찾았다. 그러고는 드디어 그녀를 잠들게 했다. 그녀가 잠들자 예네이는 그녀의 머리에 빨대를 꽂고 피를 빨아 먹었다. 그런 다음 여자의 코에 바람을 넣자 여자가 깨어났다. 예네이는 손님 대접을 잘 받아서 고맙다고 하고 떠났다. 그런데 여자는 일어날 힘조차 없었다. 그대로 누운 채 있었다.

저녁에 오빠들이 풍성한 사냥물을 가지고 돌아왔다. 그들은 집으로 들어와서 누이동생이 바닥에 누워 있는 것을 보았다. 놀란 오빠들이 묻기 시작했다. 누이동생은 그동안 있었던 일에 대해 이야기했다. 오빠들은 예네이의 짓이라는 것을 바로 알아차렸다. 앉은뱅이 오빠가 말했다.

"이제부터 예네이는 여기 계속 올 거야. 그래서 내가 생각한 건데 내일 형과 동생은 사냥을 가. 내가 여동생과 남을게. 단 나를 문 윗방에 앉혀 놔 주면 거기에 앉아 있다가 예네이가 문턱을 넘으면 달려들어 목 졸라 죽일게."

다음 날 예네이가 문턱을 넘자 앉은뱅이가 달려들어 목을 조르기 시작했다. 그러나 노파는 조용히 앉은뱅이의 손을 뿌리치고 그를 바닥으로 내동댕이쳤다. 그리고 그의 머리를 찔러 피를 빨기 시작했다. 앉은뱅이는 힘을 잃고 바닥에 쓰러졌다. 예네이는 떠났다.

형제들이 사냥에서 돌아오자 앉은뱅이와 여동생은 오늘 있었던 일을 이야기했다. 장님이 말했다.

"내일 내가 집에 남을게."

"단 사냥 가기 전에 나를 문 윗방에 앉혀 놔."

다음 날 예네이는 또 왔다. 노파가 문턱을 넘자마자 장님 오빠가 문 윗방에서 달려들었다. 그들은 오랫동안 싸웠으나 예네이를 이기기에는 역부족이었다. 예네이는 장님 오빠를 바닥에 내동댕이치고 피를 빨기 시작했다. 충분히 다 빤 후 예네이는 떠났다.

사냥에서 오빠들이 돌아오자 여동생은 오늘 있었던 일을 이야기했다. 귀머거리가 말했다.

"내일은 내 차례야. 내가 집에 있을 거야."

다음 날 예네이가 집에 들어오자마자 귀머거리가 달려들어 목을 조르기 시작했다. 노파는 애원했다.

"들어 봐, 귀머거리야! 나를 풀어 주면 네가 시키는 대로 다 할게!"

"좋아."

귀머거리는 노파를 묶었다. 장님과 앉은뱅이가 사냥에서 돌아와서 바닥에 묶인 채 누워 있는 예네이를 봤다.

"원하는 것을 들어줄게. 제발 나를 풀어 줘."

"그렇다면 좋아. 앉은뱅이 동생을 걸을 수 있게 해 줘."

예네이가 앉은뱅이를 삼키고 나서 다시 뱉어 내자 앉은뱅이에게 다리가 생겼다.

"이제 장님 동생의 눈을 뜨게 해 줘!

예네이가 장님을 삼킨 다음 뱉어 내자 장님은 볼 수 있게 되었다.

"이제 귀머거리 형을 낫게 해 줘!"

동생들이 예네이에게 말했다. 그런데 예네이가 귀머거리를 삼킨 다음에 뱉어 내지 않았다.

"형은 어디에 있어?"

동생들이 물었지만 예네이는 잠자코 있었다.

"우리 형은 어디에 있어?"

동생들은 다시 물었다. 예네이는 웃고 나서 말했다.

"이제 너희 형은 없어!"

그때 누이동생은 창문을 통해 참새 집이 관목 더미로 날

아가는 것을 보았다.

“관목 더미에 무언가가 있어요!”

누이동생이 말했다. 세 형제 중 하나가 뛰쳐나갔다. 아주 거대한 노파의 손가락이 널브러져 있었다. 그가 칼을 가지고 와서 손가락을 자르자 거기에서 큰 형이 나왔다. 그는 이제 더 이상 귀머거리가 아니었다.

세 형제와 누이동생은 상의한 끝에 사악한 노파를 죽여 매장하기로 결정했다. 그렇게 그들은 사악하고 잔인한 예네이에게서 벗어날 수 있었다.

몇 년 후 형제들은 부자가 되어 좋은 집을 짓고 장가를 갔고, 누이동생도 시집을 갔다고 한다. 그리고 그들 모두는 행복하게 잘 살게 되었다.

아버지의 세 가지 충고

어느 마을에 한 노인이 두 아들과 함께 살고 있었다. 노인은 죽을 때가 되자 두 아들을 불러 놓고 말했다.

"아들들아! 내가 너희에게 유산을 남길 것이다. 그러나 너희는 그 유산으로 부자가 되지는 못할 거다. 돈보다 더 값진 세 가지 충고를 남길 것이니 평생 잘 기억해서 잘 살도록 해라. 이게 내가 줄 세 가지 충고이니 명심해라. 첫째, 남에게 머리를 숙이지 마라. 남이 너희에게 머리를 숙이게 해라. 둘째, 어떤 음식도 꿀과 함께 먹어라. 셋째, 항상 푹신한 데서 잠을 자거라."

노인은 유언을 남기고 숨을 거두었다.

아들들은 아버지의 충고를 잊고 하고 싶은 대로 하며 살았다. 그들은 마시고 놀고 많이 먹고 오래 잤다. 첫해는 아버지의 돈을 몽땅 써 버렸고, 두 번째 해에는 가축을 다 팔았고, 세 번째 해에는 집에 있는 모든 것을 팔았다. 먹을 것이 하나도 남지 않게 되자 맏아들이 말했다.

"그런데 아버지가 유산 외에 우리에게 세 가지 충고를 남겼잖아. 아버지는 그 충고로 우리가 평생 풍족하게 살게 될 거라고 했어."

작은아들이 웃은 후 말했다.

"그 충고 기억해. 그런데 무슨 소용이야? 아버지는 말했어. 먼저 아무에게도 고개를 숙이지 말라고. 그런데 그게 지금 가난뱅이 우리에게 가당키나 한 일이야? 아버지는 또 꿀과 함께 음식을 먹으라고 하셨어. 들어 봐. 꿀과 함께! 꿀은 커녕 우리에겐 빵도 없어! 아버지는 항상 푹신한 데서 자라고 하셨어. 그런데 우리 집엔 남은 것이 아무것도 없어."

맏아들은 오랫동안 생각한 후 말했다.

"우리는 아버지의 유언을 그때 이해하지 못했어. 아버지의 말에는 지혜가 담겨 있어. 아버지는 우리가 제일 먼저 들에 나가 일하기를 원하셨던 거야. 그러면 우리 옆을 지나가는 모든 사람들이 먼저 우리에게 인사를 해 오겠지. 하루 종일 열심히 일한 다음 지치고 배가 고픈 채로 집에 오면 심지어 빵도 꿀보다 달게 느껴질 거야. 그러면 어떤 침구도 안락하고 기분 좋게 느껴지겠지. 마치 새털 이불에서 자는 것처럼 달게 자게 될 거야."

다음 날 해가 뜨자마자 형제들은 들로 나갔다. 다른 사람들보다 일찍 도착했다. 사람들이 일하러 왔다. 사람들이 먼저 그들과 인사를 했다. 좋은 하루를 보내고 일을 잘하라고 기원해 주었다. 형제들이 하루 종일 허리를 펴지 않고 일하고 나니 저녁에 먹는 빵과 차 한 잔이 꿀보다 더 달았다. 그런 다음 그들은 바닥에서 잠들었다. 오리털 위에서 자는 것 같았다.

그렇게 그들은 매일 열심히 일해서 가을에 풍성한 수확을 하게 되었다. 그래서 그들은 다시 풍족하게 살게 되었다. 그리고 이웃들의 존경을 다시 받게 되었다. 그들은 아버지의 현명한 충고에 대해 자주 회상하곤 했다.

세 자매

옛날에 한 여자가 살았다. 여자는 자신의 세 딸을 먹이고 입히기 위해 낮에도 밤에도 일만 했다. 세 딸은 제비 새끼처럼 빨리 자랐고 얼굴은 밝은 보름달 같아졌다. 세 딸은 차례로 시집을 갔다. 몇 년 후 늙은 어머니가 심한 병에 걸렸다. 그래서 어머니는 붉은 다람쥐를 딸들에게 보냈다.

"친구야! 우리 딸들에게 가서 빨리 집으로 오라고 전해."

맏딸은 슬픈 소식을 듣고 한숨을 쉬었다.

"어머! 어쩌지? 가면 좋겠는데 이 대야 두 개를 씻어야 해서."

"대야 두 개를 씻어야 한다고?"

다람쥐는 화를 냈다.

"너는 평생 대야와 함께 떨어지지 말고 붙어 있어!"

갑자기 대야가 식탁에서 떨어져서 큰 딸은 대야를 머리에 덮어썼다. 그녀는 넘어졌고 큰 거북이가 되어 집에서 기어 나갔다.

다람쥐는 둘째 딸 집 문을 두드렸다.

"어머나! 엄마에게 지금 당장이라도 가야 하는데 너무 바빠서. 시장에 가서 옷감을 짜야 해."

다람쥐가 말했다.

"그러면 쉬지 말고 계속해서 평생 옷감을 짜!"

둘째 딸은 거미로 변했다.

막내딸은 다람쥐가 왔을 때 반죽을 하고 있었다. 막내딸은 한마디도 하지 않고 손도 닦지 않은 채 엄마에게 달려갔다.

다람쥐가 말했다.

"너는 항상 사람들에게 기쁨을 가져다줄 거다. 그리고 사람들은 너와 네 아이들, 손자들을 아끼고 사랑하게 될 거다."

정말로 셋째 딸은 오랫동안 살았고 사람들은 그녀를 사랑했다. 그리고 그녀는 죽을 때가 되자 황금벌로 변했다. 여름 내내 벌은 꿀을 모아 사람들에게 주었다. 겨울에 주위의 모든 것이 추위로 얼어붙어 있을 때도 벌은 따뜻한 집에서 잠을 잤다. 그리고 깨어나서 꿀과 설탕만 먹었다.

요술 반지

옛날 옛적에 어느 시골에 한 남자가 아내와 함께 살고 있었다. 그들은 아주 가난했다. 너무 가난해서 그들이 사는 흙집은 거의 무너질 지경이었다. 그들에게는 아들이 하나 있었다. 원래 아들들이란 다 비슷비슷한 법이다. 그들의 아들은 굴뚝에서 내려오지도 않고 항상 고양이하고 놀았다. 고양이에게 사람의 말을 하는 법과 뒷발로 서서 걷는 것을 가르쳤다. 세월이 흘러 어머니와 아버지는 늙었고 하루하루 병세가 악화되어 결국 드러눕게 되었고 곧 병으로 죽었다. 이웃 사람들이 아버지와 어머니를 땅에 묻어 주었다. 아들은 굴뚝에 앉아 슬피 울었다. 아들은 고양이에게 조언을 구했다. 이제 고양이를 제외하곤 이 세상에 아무도 남아 있지 않았다.

청년이 고양이에게 말했다.

"어쩌지?"

"주인님과 사는 것보다 더한 자비는 없을 거예요. 눈길 닿는 대로 가요."

저녁이 되자 청년은 고양이와 함께 고향을 떠났다. 그는 오래된 아버지의 칼을 가져갔다. 더 가져가고 싶어도 더 이상 아무것도 가져갈 게 없었다.

청년과 고양이는 오랫동안 걸었다. 배가 고파 고양이는 쥐라도 잡아먹고 싶을 지경이었고, 청년의 배는 등에 들러붙었다. 마침내 그들은 숲에 이르러서 쉬기로 했다. 청년은 잠을 자려고 해 보았지만 너무 배가 고파 잠을 잘 수가 없었다. 청년은 이리저리 뒤척였다.

고양이가 물었다.

"왜 잠을 못 이루세요?"

"배가 너무 고픈데 무슨 잠이 오겠어?"

그렇게 밤이 지나갔다. 이른 아침 누군가 숲 속에서 애달프게 우는 소리가 들렸다. 청년이 물었다.

"들려?"

고양이가 대답했다.

"누군가 숲 속에서 우는 것 같죠? 가 보죠."

그들은 숲을 지나 들판으로 나왔다. 들판에는 큰 소나무가 한 그루 있었다. 소나무 꼭대기에 둥지가 보였다. 둥지에서 아이들의 울음소리가 들리는 것 같았다.

"무슨 일인지 내가 소나무에 올라가서 보고 올게."

청년은 소나무로 올라갔다. 새 둥지에서 셈루크[6]의 어

---

6) 전설 속의 새의 여왕.

린 새끼 두 마리가 울고 있었다. 어린 새들은 청년을 보자 인간의 언어로 말하기 시작했다.

"어떻게 여기에 왔어요? 매일 뱀이 우리에게 날아와요. 우리 오빠 둘을 이미 잡아먹었고 오늘은 우리 차례예요. 당신을 보면 당신도 잡아먹을 거예요."

"먹을 테면 먹으라지. 내가 너희를 꺼내 줄게. 엄마는 어디 있니?"

"우리 엄마는 새들의 여왕이에요. 캅스크 산[7]에 모임이 있어 갔어요. 곧 돌아올 거예요. 엄마가 있으면 뱀이 우리를 감히 건드리지 못해요."

갑자기 회오리가 일더니 숲이 일렁이기 시작했다. 새들은 꼭 껴안았다.

"뱀이 오고 있어요."

정말로 회오리와 함께 뱀이 날아와서 소나무를 덮쳤다. 뱀이 둥지에서 새들을 꺼내려고 머리를 들자 청년은 아버지의 칼을 괴물에게 꽂았다. 그러자 괴물은 땅에 떨어졌다. 새들은 기뻐했다.

"우리를 떠나지 마세요. 실컷 마시게 하고 배불리 먹여 드릴게요."

---

7) 전설 속의 산으로 세상의 끝에 위치한다고 여겨진다.

그들은 함께 마시고 먹으며 중요한 이야기를 나누었다. 새들이 말했다.

"우리가 이제부터 하는 말을 잘 들으세요. 우리 엄마가 와서 당신이 누구고, 어떻게 여기 오게 되었냐고 물을 거예요. 그러면 아무 말도 하지 마세요. 우리가 엄마에게 당신이 우리를 구해 주었다고 말할게요. 엄마가 당신에게 금과 은을 선물하려고 할 거예요. 그러면 아무것도 받지 말고 재물은 충분하다고 말하세요. 그리고 엄마에게 요술 반지를 달라고 하세요. 혹시 나쁜 일이 생길지 모르니 저희 날개 밑에 숨어 있으세요."

새들이 말한 그대로였다. 셈루크가 와서 물었다.

"이게 뭐지? 사람 냄새가 나는 것 같구나. 누군가 낯선 사람이 있는 거 아냐?"

새들이 말했다.

"낯선 사람은 없어요. 두 오빠도 없어요."

"어디 갔는데?"

"뱀이 잡아먹었어요."

셈루크가 슬퍼했다.

"그런데 너희들은 어떻게 살아남았니?"

"한 용감한 청년이 우리를 구했어요. 저 아래 땅 위를 보세요. 뱀이 죽어 있는 거 보이죠? 그가 죽인 거예요."

셈루크가 아래를 보았다. 정말로 뱀이 죽은 채 누워 있었다.

“그 용감한 청년은 어디에 있니?”

“여기 날개 밑에 있어요.”

“자! 나와라. 나와. 위험하지 않아. 내 아이들을 구해 주었으니 그 대가로 무엇을 선물할까?”

“아무것도 필요 없습니다. 마법의 반지라면 모를까.”

새들도 졸랐다.

“엄마! 반지를 그에게 주세요.”

어쩔 수 없이 새의 여왕은 승낙했다.

“이 반지를 지니고 있으면 요정들과 정령들의 지배자가 될 거다. 반지를 손가락에 끼면 요정들이 네게 날아와서 ‘우리의 왕이시여, 무엇이 필요하십니까?’라고 물을 거다. 그러면 원하는 것을 말해. 네가 원하는 것을 다 해 줄 거야. 단 반지를 절대 잃어버리면 안 돼. 재앙이 닥칠 거야.”

셈루크가 자신의 발가락에 반지를 끼자 요정들이 한가득 날아왔다. 셈루크가 그들에게 말했다.

“이제 이 사람이 너희의 주인이다. 이 사람을 섬겨라.”

그리고 청년에게 반지를 주며 말했다.

“지금이라도 원한다면 아무 데도 가지 말고 우리와 함께 살아.”

청년은 고맙다고 말하고는 거절했다.

"제 길을 갈 거예요."

청년은 땅으로 내려왔다. 그는 고양이와 함께 숲을 따라 걸으며 서로 이야기를 나누었다. 그러다 피곤해지자 잠시 쉬기 위해 앉았다.

"이제 이 반지로 무엇을 하지?"

청년은 고양이에게 물은 다음 반지를 손가락에 꼈다. 반지를 끼자마자 요정들이 사방에서 날아와서 말했다.

"주인님! 무엇이 필요하십니까?"

청년은 무엇을 부탁해야 할지 미처 생각하지 못했다. 청년이 물었다.

"이 땅에 인간의 발길이 아직 미치지 못한 곳이 있을까?"

"있습니다. 모히트 바다에 섬이 하나 있는데 아주 아름다운 섬입니다. 아직 인간의 손길이 미치지 않은 그곳에서 열매와 과일이 자라고 있습니다."

"그럼 나와 고양이를 거기 데려다줘."

그렇게 말하자마자 그는 고양이와 벌써 그 섬에 와 있었다. 섬은 정말 아름다웠다. 진귀한 꽃, 이국적인 과일이 자라고 있었다. 에메랄드빛 바닷물이 넘실댔다. 청년은 경이로웠고 고양이와 함께 여기에서 살기로 결심했다.

청년은 반지를 끼며 말했다.

"여기에 궁전을 지으면 좋을 텐데."

요정들이 나타났다.

"진주와 루비로 2층짜리 궁전을 지어라."

말이 끝나자마자 아니 말을 채 다 끝내기도 전에 바닷가에 궁전이 이미 세워졌다. 궁전 2층에 아주 아름다운 정원이 있었는데 나무들 사이에 완두콩까지 온갖 먹을 것이 다 있었다. 2층까지 걸어서 올라갈 필요도 없었다. 공단 이불이 깔린 침대에 앉아 있으면 침대가 스스로 움직였다. 청년은 고양이와 함께 궁전을 따라 걸어 다녔다. 그러나 좋긴 한데 심심했다. 청년이 고양이에게 말했다.

"우리 둘뿐이구나. 이제 우리 뭐 할까?"

"이제 결혼하셔야죠."

청년은 요정들을 불러 이 세상에서 가장 아름다운 여인들의 초상화를 가져오라고 명령했다.

"그들 중 하나를 아내로 맞이할 거야."

요정들은 아름다운 여인들을 찾으러 사방으로 흩어졌다. 오랫동안 찾아다녔지만 그들 마음에 드는 사람이 없었다. 요정들은 마침내 꽃의 나라에 왔다. 그 나라 공주가 여태까지 한 번도 본 적이 없는 절세미인이었다. 요정들은 청년에게 그 공주의 초상화를 보여 주었다. 그는 그녀의 초상화를 본 후 말했다.

"바로 이 공주를 데려와라."

밤이었다. 그러나 청년이 말하자마자 공주는 바로 궁전에 와 있었다. 마치 여기에서 잠을 잤던 사람처럼. 요정들은 잠자는 공주를 들어서 바로 이리로 옮긴 것이다. 아침 일찍 잠에서 깬 공주는 자기 눈을 의심했다. 분명히 집에서 잠자리에 들었는데 깨어난 곳은 낯선 궁전이었다. 공주는 침대에서 벌떡 일어나 창문으로 갔다. 바다와 쪽빛 하늘이 보였다.

"아! 내가 어디에 있는 거야?"

공주는 그렇게 말하고 공단 이불이 깔려 있는 침대에 앉았다. 침대가 위로 올라갔다. 공주는 2층으로 올라갔다. 그녀는 꽃과 이국적인 화초 사이를 걸어 다녔다. 그녀는 풍부하고 다양한 종류의 먹을 것을 보고 깜짝 놀랐다. 심지어 꽃의 나라의 왕인 아버지의 궁전에서도 이런 것은 본 적이 없었다.

"완전히 딴 세상에 내가 와 있나 봐. 전혀 알지도 들어 본 적도 없는 세상에 와 있나 봐."

그녀는 침대에 앉았다. 침대는 다시 아래로 내려갔다. 잠들어 있는 한 청년이 보였다.

"일어나세요. 당신은 어떻게 여기 있어요?"

"내가 당신을 여기로 데려오라고 시킨 거예요. 이제 당신은 여기에서 살게 될 거예요. 갑시다. 섬을 보여 줄 테니."

두 사람은 손을 잡고 섬을 보러 갔다.

이제 잠깐 공주의 아버지를 들여다보자.

꽃의 나라 왕은 아침에 일어나서 공주가 없어진 것을 알게 되었다. 그는 공주를 매우 사랑했기 때문에 그만 실신했다. 당시에는 전화도 전보도 없던 시절이었다. 카자크 기병들을 보내서 공주를 찾았지만 어디에서도 찾을 수 없었다. 그러자 왕은 모든 마녀들과 마법사들을 궁전으로 불러들였다. 공주를 찾는 자에게 재산의 절반을 주겠다고 약속했다. 마녀들과 마법사들은 공주가 어디로 갔는지 점괘를 뽑았다. 그러나 아무도 알아맞힐 수 없었다. 마침내 그들은 왕에게 고했다.

"우리는 도저히 알아낼 수가 없습니다. 한 마녀가 있는데 그라면 도움을 줄 수 있을 것입니다."

왕은 그 마녀를 불렀다. 마녀가 점을 치기 시작했다.

"오! 공주님은 살아 있습니다. 한 청년과 바닷가에 있는 섬에 살고 있습니다. 비록 어렵기는 하지만 제가 공주님을 데려올 수 있습니다."

왕이 승낙했다. 마녀는 타르 칠을 한 통으로 변해서 바다로 굴러갔다. 통은 파도에 실려 섬으로 떠내려갔다. 통은 섬에 도착하자 다시 노파로 변했다. 청년의 궁전에는 그때 아무도 없었다. 노파는 그 사실을 알고 곧장 궁전으로 향했다. 공주는 노파를 보고 새로운 사람을 보았다는 사실에 기뻐하며 물었다.

"아이고! 할머니! 어떻게 여기까지 오시게 되었어요?"

"이 섬은 바다 한가운데 있어요. 요정들이 그 청년의 뜻에 따라 공주님을 이리로 데려왔어요."

공주가 노파의 말을 듣고 슬피 울었다.

"울지 마세요. 공주님의 아버지가 공주님을 데려오라고 저를 보냈어요. 그러나 마법의 비밀을 모르겠어요."

"그러면 어떻게 나를 집으로 데려갈 수 있어요?"

"공주님은 내 말을 잘 듣고 시키는 대로 하세요. 청년이 집으로 돌아오면 미소를 지으며 다정하게 맞이하세요. 그가 놀라면 더 다정하게 대하세요. 그를 껴안고 입을 맞추세요. 그리고 벌써 4년째 청년이 공주님을 이곳에 마법의 힘으로 붙잡고 있는데 갑자기 청년에게 무슨 일이라도 생기면 어떻게 하느냐고 물으세요. 공주님에게 마법의 비밀을 알려 달라고 말하세요."

공주는 청년이 고양이와 함께 걸어오는 것을 창문을 통해 보았다.

"할머니, 숨으세요! 빨리. 그가 오고 있어요."

노파는 회색 쥐로 변해 침대 밑에 숨었다.

공주는 청년에게 미소를 지었다. 마치 남편을 맞이하게 되어 아주 기쁜 것처럼 청년을 다정하게 맞이했다.

"오늘 웬일로 이렇게 다정한 거요?"

청년은 놀랐다.

공주는 노파가 시킨 대로 더 다정하게 청년을 대했다. 청년을 껴안고 입을 맞추며 조용히 말했다.

"당신이 마법의 힘으로 나를 여기 붙잡고 있는 지도 벌써 4년째예요. 그런데 갑자기 당신에게 무슨 일이라도 생기면 어떡하죠? 마법의 비밀을 나도 알 수 있게 해 주세요."

"나에게는 시키는 것을 모두 해 주는 마법의 반지가 있소. 그 반지를 손가락에 끼어야 하오."

"보여 주세요."

청년은 반지를 그녀에게 보여 주었다.

"제가 이 반지를 믿을 만한 장소에 숨겨 두어도 될까요?"

"제발 잃어버리지만 마시오. 만일 잃어버리면 큰 재앙이 닥칠 거요."

밤이 되어 청년이 잠들자 공주는 일어나서 노파를 깨웠다. 공주는 반지를 손가락에 꼈다. 요정과 정령들이 사방에서 날아들었다.

"주인님! 무엇이 필요하십니까?"

"저 남자와 고양이를 쐐기풀밭에 던져라. 그리고 이 궁전에 있는 나와 할머니를 아버지에게 데려다줘."

말이 끝나자마자 모든 것이 이루어졌다. 마녀는 즉시 왕에게 달려갔다.

"약속드린 대로 공주님을 데려왔습니다. 게다가 진귀한 돌로 지어진 궁전까지 덤으로 가져왔습니다."

왕은 그의 궁전 옆에 서 있는 또 다른 궁전을 보았다. 궁전이 너무도 화려해서 공주를 잃었을 때의 슬픔 같은 것은 생각도 나지 않았다. 공주가 왕에게 달려왔다. 공주는 오랫동안 기쁨의 눈물을 흘렸다. 그러나 왕은 그 궁전에서 눈을 뗄 수가 없었다.

"울지 말거라. 저 궁전 하나가 내가 가진 왕국 전체보다 더 값지구나. 아마 네 남편은 빈털터리는 아니었나 보구나."

꽃의 나라의 왕은 마녀에게 상으로 감자 한 자루를 주었다. 빈곤기였기 때문에 마녀는 기뻐서 몸 둘 바를 몰랐다.

그들을 기뻐하도록 놔두고 잠시 우리 청년은 어떻게 되었는지 들여다보자.

청년은 잠에서 깨어났다. 일어나 보니 그와 고양이가 풀밭에 누워 있는 것이 아닌가. 궁전과 아내와 마법의 반지가 사라졌다.

"우리는 죽었다. 이제 어떻게 하지?"

고양이는 아무 말 없이 잠시 생각에 잠겼다. 그리고 말하기 시작했다.

"뗏목을 만들어요. 파도가 우리를 어디로든 데려가지 않을까요? 공주를 찾아야만 해요."

청년과 고양이는 뗏목을 만들었다. 뗏목을 타고 파도를 따라 떠내려갔다. 그들은 바다를 계속 항해했다. 마침내 해안가에 도착했다. 주변은 온통 초원이었다. 마을도 집도 없었다. 아무것도 없었다. 청년은 풀로 허기를 채웠지만 배가 고팠다. 그들은 몇 날을 계속 걸었다. 마침내 그들 앞에 마을이 보였다. 청년이 고양이에게 말했다.

"마침내 마을에 도착한 것 같아. 어떤 경우에도 서로 버리지 않겠다고 약속하자."

고양이가 대답했다.

"주인님이 버리기 전에 저는 죽을 거예요."

그들은 마을에 도착해서 변두리에 있는 한 집에 들어갔다. 집에는 노파가 앉아 있었다.

"우리를 들어가게 해 주세요. 잠시 차 한 잔 마시고 가게 해 주세요."

"들어오너라."

고양이는 바로 쥐를 잡기 시작했고, 노파는 청년에게 차를 대접했다. 노파는 청년에게 묻기 시작했다.

"어디서 오는 길이니? 무엇을 찾으러 가는 길이니?"

"할머니! 저는 일자리를 찾고 있어요. 여기는 어떤 곳이에요?"

"여기는 꽃의 나라란다."

우연히도 청년과 고양이는 제대로 찾아왔다.

"할머니! 뭐 들은 것 없으세요?"

"나라에 아주 큰 경사가 있단다. 왕의 딸이 4년 동안 사라졌는데, 얼마 전에 한 마녀가 공주를 찾아서 데려왔어. 어떤 청년이 마법을 걸어 공주를 바다에 있는 섬에 가두어 놓았다지 아마. 이제 공주가 돌아왔어. 게다가 공주가 살던 궁전도 같이 가지고 왔어. 왕은 너무 기뻐서 아주 선량해졌어. 음식도 백성들에게 나누어 주지 뭐니."

"궁전 근처에 가 봐야겠어요. 일자리가 있을 거예요."

청년은 누더기를 걸친 채 궁전 옆을 지나갔다. 그때 왕과 왕비는 발코니에 있었다. 왕비는 지나가는 청년을 보고 왕에게 말했다.

"보세요. 잘생긴 청년이 지나가고 있어요. 마침 우리 궁전의 보조 요리사가 죽었는데 저 청년이 적합하지 않을까요?"

청년이 왕에게로 불려 왔다.

"어디로 가는 길이냐?"

"저는 일자리를 찾고 있습니다."

"우리 궁전 요리사에게 지금 보조가 필요하다. 궁전에 와서 일을 하여라."

청년은 승낙했다. 목욕을 하고 흰 셔츠를 잘 차려입으니 아주 잘생긴 청년이 되었다. 왕의 총리대신인 하이불라가 청년을 눈여겨보았다. 청년은 일찍 죽은 자신의 아들을 생각나게 만들었다. 하이불라는 청년을 귀여워했다. 그리고 청년에게 요리사의 일은 잘 맞았다. 특히 감자 요리가 특기로 청년은 감자를 아주 잘 삶았다. 사람들이 그에게 물었다.

"어디서 그런 것을 배웠니?"

그의 음식을 먹어 본 사람들은 모두 칭찬했다.

청년은 감자 삶는 법을 잘 알고 있지만 사람들이 어떻게 말하는지 유심히 들었다.

하루는 왕이 손님들을 초대해서 해안가의 궁전을 보여주기로 결심했다. 다른 나라에서 여러 왕들과 부유한 고관대작들이 왔다. 연회가 열렸다. 마녀도 초대받았다. 마녀는 청년을 보자 공포로 새파랗게 질렸다. 사람들이 마녀에게 물었다.

"무슨 일 있으세요?"

"머리가 좀 아파서요."

사람들이 마녀에게 들어가서 쉬라고 말했다. 마녀 없이 연회는 계속되었다. 손님들이 돌아가자 꽃의 나라 왕은 다시 마녀에게 물었다.

"무슨 일이냐?"

"요리사가 바로 그 청년이에요. 그가 우리 모두를 죽일 거예요."

놀란 왕은 청년을 잡아서 지하실에 가둔 다음 죽이라고 명령했다. 청년은 슬픔에 잠겼다. 하이불라가 청년에게 말했다.

"걱정하지 말거라. 내가 너를 보호해 주마."

그리고 하이불라는 왕이 소집한 대신회의에 갔다. 신하들은 모두 한목소리로 말했다.

"그의 목을 치십시오."

"바다에 던지십시오."

하이불라가 왕에게 제안했다.

"제가 그를 깊은 우물에 던지겠습니다. 부디 자비를 베푸시어 제가 그를 던지게 해 주십시오."

왕은 하이불라를 아주 신임했다.

"원하는 대로 하라. 그를 살려 두면 절대 안 돼."

하이불라는 왕이 이상하게 생각하지 않도록 병사 열 명을 데리고 자정에 집에서 나가 청년을 숲으로 데리고 갔다. 숲에서 병사들에게 말했다.

"너희에게 돈을 두둑이 줄 테니 그를 올가미에 태워 우물에 빠뜨리자. 단 누구에게도 이 사실을 말해서는 안 돼."

병사들은 시키는 대로 했다. 청년을 묶고 음식을 주고 통에 물을 부었다. 대신은 청년을 껴안았다.

"슬퍼하지 말거라. 걱정하지 말거라. 내가 곧 올 거다."

그리고 총리대신은 청년을 올가미에 태워 우물로 내려 보냈다. 왕에게는 청년을 깊은 우물에 던졌으니 이제 결코 나올 수 없을 거라고 말했다.

며칠이 지났다. 고양이는 주인을 계속 기다렸다. 고양이는 걱정이 되기 시작했다. 나가려고 했지만 노파가 놓아주지 않았다. 그러자 고양이는 창문을 부수고 달아났다. 청년이 얼마 전까지 요리사로 일했던 궁전 주위를 돌아다니다 주인의 흔적을 쫓아 우물까지 오게 되었다. 고양이는 우물 속의 주인에게로 내려갔다. 주인은 살아 있었다. 그런데 쥐들이 주인을 괴롭히고 있었다. 고양이는 즉시 쥐들을 혼내주었다. 많은 쥐들이 죽었다. 쥐의 왕의 신하가 그것을 보고 왕에게 고했다.

"어떤 청년이 우리나라에 나타나서 많은 병사들을 죽이고 있습니다."

쥐의 왕이 말했다.

"그에게 가서 정중하게 원하는 것이 뭐냐고 묻고 그것을 다 해 주겠다고 하여라."

쥐의 왕의 신하가 청년에게 가서 물었다.

"무슨 이유로 여기 와서 우리 병사들을 죽이는 거냐? 원하는 것을 말하면 다 들어주겠다. 다만 우리 병사들을 죽이지 마라."

"좋아. 만일 꽃의 나라 왕의 딸에게 있는 마법의 반지를 빼어 온다면 네 병사들을 건드리지 않을게."

쥐의 왕은 신하들을 불러서 명령했다.

"마법의 반지를 찾아오너라. 반지를 찾기 위해서라면 궁전의 벽을 다 쏠아야 할지도 모른다."

그리고 정말 쥐들은 궁전 안의 벽과 옷장, 서랍장 들을 다 쏠았다. 반지를 찾기 위해서 얼마나 값비싼 옷감들을 쏠았는지! 마침내 공주의 머리맡으로 간 쥐가 요술 반지가 공주의 머리카락에 묶여 있는 것을 발견했다. 쥐들은 공주의 머리카락을 쏠아서 반지를 떼어 내 청년에게 가져갔다.

청년이 반지를 손가락에 끼자 요정들이 나타났다.

"주인님! 무엇이 필요하십니까?"

청년은 먼저 우물에서 자신을 꺼내 달라고 명령했다. 그러고 나서 말했다.

"나와 고양이와 내 아내를 궁전과 함께 바닷가의 그 섬으로 다시 가져다 놓아라."

그가 말을 끝내자마자 그는 이미 궁전 안에 와 있었다.

마치 궁전에서 한 번도 나가지 않았던 것 같았다.

공주가 잠에서 깼다. 다시 바다의 섬에 와 있었다. 공주는 어떻게 해야 할지 당황스러웠다. 공주는 청년을 깨웠다. 청년이 말했다.

"당신에게 어떤 벌을 내려야 할지 생각해 봐야겠어."

그리고 매일 공주를 세 번 때리기 시작했다. 삶이란 참!

그들은 그렇게 살게 내버려 두고 다시 왕에게 돌아가 보자.

꽃의 나라에는 다시 대소동이 일어났다. 공주가 화려한 궁전과 함께 사라졌으니. 왕은 대신들을 소집했다.

"그자가 살아 있는 것이 분명하다!"

하이불라가 말했다.

"분명히 제가 그를 죽였습니다."

왕은 다시 마녀를 불렀다.

"지난번에 네가 내 딸을 찾았으니 이번에도 찾아오너라. 만약 찾지 못하면 너를 죽일 거야."

마녀는 어쩔 수 없이 다시 섬으로 가서 궁전에 몰래 들어갔다. 마침 청년은 궁전에 없었다. 공주가 마녀에게 말했다.

"아이고! 제발 돌아가세요. 지난번에도 망쳤잖아요."

"아니에요. 저는 공주님을 구하려고 왔어요."

"안 돼요. 이제 그를 속이지 못해요. 그는 반지를 항상 지니고 있어요. 밤에는 입안에 넣어 두어요."

"그것 잘됐네요." 노파는 기뻐했다.

"내가 시키는 대로 하세요. 이 냄새나는 담배를 줄 테니 그가 잠들면 한 줌을 그의 코 밑에 놓으세요. 그가 재채기를 하면 반지가 나올 테니 재빨리 반지를 손에 넣으세요."

공주는 노파를 숨겼다. 그때 청년이 돌아왔다. 그들은 잠자리에 들었다. 청년은 반지를 입에 넣고 곤하게 잠들었다. 공주가 담배 한 줌을 청년의 코 밑에 놓자 청년은 재채기를 했고 반지가 입에서 나왔다. 노파는 재빨리 반지를 꼈다. 노파는 요정들에게 궁전을 꽃의 나라에 옮겨 놓고 청년과 고양이는 섬에 버리라고 명령했다. 노파의 명령이 떨어지자마자 1분 안에 모든 것이 실행되었다. 꽃의 나라 왕은 아주 만족했다.

그들을 남겨 두고 다시 청년에게로 돌아가자.

청년은 잠에서 깼다. 궁전도 아내도 사라졌다.

'어떻게 하지?'

청년은 슬픔에 잠겼다. 고양이도 슬픔 때문에 병이 났다.

"아마도 죽음이 가까이 온 것 같아요. 섬에 저를 묻어 주세요."

고양이는 그렇게 말하고 숨을 거두었다. 청년은 완전히 슬픔에 빠졌다. 이 세상에 오직 혼자 남겨졌다. 청년은 고양이를 땅에 묻고 고양이와 작별했다. 뗏목을 만들어서 타고 갔다. 지난번처럼 뗏목은 파도에 실려 바람이 부는 대로 떠내려갔다. 뗏목은 마침내 해안가에 도착했다. 청년은 뗏목에서 내렸다. 주변은 온통 숲이었다. 숲에는 야생의 열매 같은 것들이 자라고 있었다. 열매는 아주 예쁘고 탐스러웠다. 청년은 열매를 따서 먹었다. 그러자 바로 그의 머리 위에 뿔이 났고 몸은 온통 털로 덮였다.

'아니야. 나에게 더 이상 행복은 없을 거야. 왜 내가 이 열매를 먹었을까?'

그는 비참한 생각이 들었다.

'사냥꾼들이 나를 보면 죽일 거야.'

그는 밀림을 따라 달렸다. 벌판으로 나갔다. 거기에는 다른 열매들이 자라고 있었다. 전혀 탐스럽지도 않았고 시들어 있었다.

'아마 지금보다 더 나빠지지는 않겠지.'

그는 열매를 먹었다. 그러자 바로 뿔이 떨어졌다. 털도 없어졌다. 그는 다시 예전의 잘생긴 청년으로 돌아갔다.

'이게 무슨 기적 같은 일이지?'

그는 놀랐다.

'가만있자. 이 열매들이 나에게 필요하지 않을까?'

청년은 두 가지 열매들을 땄다. 그리고 계속 걸었다. 그는 오랫동안 걸은 끝에 꽃의 나라에 도착했다. 그는 예전에 머물렀던 노파의 집 문을 두드렸다. 노파가 물었다.

"어디를 그렇게 오랫동안 돌아다녔니?"

"할머니! 여기저기 돌아다녔어요. 부잣집에서 일자리를 찾았어요. 고양이는 죽었어요. 저는 신세가 불쌍해져서 다시 여기 할머니 집으로 오게 되었어요. 무슨 소문 들으신 것 있으세요?"

"공주가 또 사라졌었어. 왕은 오랫동안 공주를 찾았는데 마침내 찾아냈지."

"할머니는 어떻게 그 모든 것을 아세요?"

"이웃에 한 가난한 처녀가 사는데 그 처녀가 공주의 시녀로 일하고 있어. 그 처녀가 이야기해 주었어."

"그 처녀는 궁전에서 아주 사는 건가요? 아니면 집에 들르기도 하나요?"

"집으로 오지. 오고말고."

"제가 그 처녀를 좀 만날 수 있을까요?"

"그럼. 물론 가능해."

그날 저녁 처녀가 집에 왔고 할머니는 할 말이 있다고 처녀를 자기 집으로 불렀다. 가난한 처녀가 노파 집으로 왔다. 잘생기고 건장한 청년이 거기 있는 것을 보자 처녀는 한눈에 반했다. 청년이 처녀에게 말했다.

"나를 도와주시오."

"제가 할 수 있는 한 도와 드릴게요."

"아무에게도 말하지 마시오."

"알았어요. 말해 보세요."

"세 개의 열매를 줄 테니 어떻게든 공주에게 먹이시오. 그다음에 무슨 일이 생길지는 당신 스스로 보게 될 거요."

처녀는 청년이 시키는 대로 했다. 아침에 열매를 공주의 침실로 가져가서 탁자 위에 놓았다. 공주는 잠에서 깬 후 탁자에 열매가 놓여 있는 것을 보았다. 예쁘고 탐스러웠다. 그런 과일은 난생처음 보았다. 공주는 침대에서 튀어나와서는 바로 열매를 먹어 치웠다. 공주가 열매를 먹자마자 머리에서 뿔이 자랐다. 꼬리가 나왔고 온몸은 털로 뒤덮였다. 시녀들이 그 모습을 보고 뛰어나가 왕에게 비극을 고했다.

"공주님이 지금 뿔 달린 괴물이 되었습니다. 심지어 말하는 것조차 잊으셨습니다."

왕은 몹시 놀랐다. 대신들을 불러 모아 마법을 풀라고 명했다. 훌륭한 학자들이 다 모였다. 어떤 사람들은 뿔을 자르려고 시도했다. 그런데 뿔을 자르자 바로 다시 뿔이 자라났다. 온 나라에서 마법사와 의사들이 다 모였다. 아무도 도움을 줄 수 없었다. 심지어 반지를 가져온 마녀조차 아무런 힘이 되지 못했다. 왕은 마녀의 목을 베라고 명령했다.

청년이 머무르고 있는 집 주인 노파가 그 사실을 시장에서 듣고 청년에게 말했다.

“아이고! 아이고! 이런 비참한 일이! 공주에게 뿔이 생기고 온몸이 털로 뒤덮였다네. 영락없이 짐승이래.”

“할머니! 왕에게 가서 우리 집에 약사가 머무는데 그는 모든 병을 고치는 약을 알고 있는 것 같다고 말하세요. 제가 직접 공주를 치료할게요.”

집주인 노파는 청년이 시키는 대로 왕에게 가서 약사가 집에 왔는데 그는 온갖 병을 고치는 약을 알고 있다고 말했다. 바로 왕이 직접 약사에게로 왔다.

“네가 공주를 고칠 수 있느냐?”

“공주님을 봐야만 합니다.”

왕은 약사를 궁전으로 데려왔다. 약사가 말했다.

“궁전 안에 아무도 남아 있지 않아야만 합니다.”

모두가 궁전에서 나갔고 짐승의 모습을 한 공주와 약사만이 남았다. 그러자 약사는 자신의 아내이자 배신자인 공주를 지팡이로 때리기 시작했다. 그러고 나서 전혀 익지 않은 열매를 하나 주었다. 그러자 공주에게 있던 뿔이 떨어져 나갔다. 공주는 무릎을 꿇고 애원했다.

“제발 또 열매를 주세요.”

“마법 반지를 돌려줘. 그러면 열매를 줄게.”

"저기 서랍장에 보석함이 있어요. 그 보석함 안에 반지가 있어요. 가져가세요."

청년은 반지를 가져왔다. 그리고 공주에게 열매를 내밀었다. 공주는 열매를 먹고 예전의 모습을 되찾았다.

"이 배은망덕한 여자야! 너 때문에 내가 얼마나 많은 불행을 겪었는지 몰라."

바로 그때 왕이 신하들과 함께 나타나서 공주가 다시 예전의 아름다운 모습으로 돌아간 것을 보게 되었다. 왕이 청년에게 제안했다.

"원하는 것이 무엇인가? 모두 다 들어주겠다."

"아닙니다. 제게는 아무것도 필요 없습니다."

청년은 왕의 제안을 다 거절하고 궁전에서 나왔다. 궁전을 나오면서 하이불라 대신에게 들러 이 궁전은 이제 없어질 테니 떠나라고 말했다. 하이불라는 가족과 함께 떠났다. 청년은 반지를 꼈다. 그리고 요정들에게 왕의 궁전을 들어서 바다에 던져 버리라고 명령했다. 요정들은 청년의 명령대로 했다.

나라의 백성들은 사악한 왕이 더 이상 없다는 것을 알고 아주 기뻐했다. 사람들은 청년에게 자신들의 통치자가 되어 달라고 부탁했으나 청년은 거절했다. 가난한 집안 출신의 한 현명하고 선량한 사람이 나라를 통치했다. 그리고 청년은 자신을 도와주었던 그 처녀를 아내로 맞이했다.

지금 연회가 한창이다. 식탁마다 음식이 차려졌고 포도주가 철철 흘러넘치고 있다. 나는 결혼식에 참석할 수 없다. 이미 늦었다.

재봉사, 곰, 장난꾸러기

옛날 옛적에 한 마을에 재봉사가 살았다. 손님이 2미터 쯤 되는 옷감을 가져와서 말했다.

"훌륭한 베시메트8)를 지어 주세요."

재봉사는 옷감을 보았다. 아무래도 적어 보였다. 그러나 재봉사는 손님에게 무안을 주기가 싫었다. 재봉사는 어떻게든 애써서 옷을 지었다. 그런데 손님은 감사해하기는커녕 재봉사에게 화를 냈다.

"아마 십중팔구 옷감을 어디다 숨겼을 거야!"

재봉사는 그 말에 무척 기분이 상했다.

"그럼 옷감을 찾아보시오!"

재봉사는 그렇게 말하고 마을을 떠났다. 재봉사는 길을 가다가 한 장난꾸러기를 만났다.

"안녕하세요, 재봉사님? 어디 가세요?"

"발길 닿는 데로 아무 데나 간단다. 마을에 사는 게 지겨워! 나는 정직하게 일하는데 사람들은 나에 대해 모략만 일삼아."

---

8) 타타르인이 입는 긴 솜옷.

"제 경우와 똑같네요! 보세요. 저는 이렇게 작고 연약한데 사람들은 저를 무시해요. 저를 데려가 주세요. 아마도 우리 둘이 함께하면 살기가 더 쉬울 거예요!"

"같이 가자!"

재봉사와 장난꾸러기가 함께 걸어가는데 그들 앞에 곰 한 마리가 나타났다.

"어디들을 가시나?"

그들은 곰에게 자신들을 미워하는 사람들을 피해 멀리 가는 길이라고 말해 주었다. 그들의 이야기를 들은 곰이 하소연했다.

"나도 똑같아! 양을 잡아먹으려고 늑대가 서 있는데도 죄를 항상 나에게 덮어씌워. 죄 없는 죄인이 되는 게 너무 지겨워. 나도 데려가 줘."

재봉사가 허락했다.

"같이 가자!"

재봉사와 장난꾸러기, 곰은 함께 걸어갔다. 얼마 가지 않아서 울창한 숲까지 왔다. 숲 속 빈터에 작은 초막을 짓기로 결정했다. 그들은 바로 집 짓는 일에 착수해서 집을 다 지었고 그 집에서 살게 되었다.

하루는 재봉사와 장난꾸러기가 집을 비우고 곰 혼자 남게 되었다. 곰은 문턱에 앉아 보초를 서고 있었다. 그때 갑자기 괴물 한 마리가 다가와서 물었다.

"여기서 뭐 하니?"

"집을 지켜."

괴물은 회심의 미소를 지으며 곰을 밀치고 집 안으로 들어갔다. 집 안을 온통 위아래로 뒤집어 놓고 먹고 마시고 한 다음에 곰을 두들겨 팼다. 그러고는 가 버렸다. 재봉사와 장난꾸러기가 집에 돌아왔다. 그들은 곰이 무료하게 앉아 발바닥으로 등을 긁고 있는 것을 보았다.

"무슨 일이 있었어?"

그런데 곰은 괴물한테 맞았다고 말하는 것이 창피했다.

"아무 일도 없었어. 별일 없었어."

다음 날 재봉사는 곰과 함께 나무를 하러 나갔다. 집에는 장난꾸러기만 남았다. 장난꾸러기는 현관 계단에 앉아 망을 보고 있었다. 갑자기 어디선가 괴물이 나타나서 그에게 다가와서 물었다.

"여기서 뭐 하니?"

"집을 지켜요."

괴물은 장난꾸러기와 대화를 하려고 하지도 않았다. 그의 꼬리를 잡아 멀리 던져 버렸다. 그러고는 집으로 들어가서 먹고 마시고 던지고 하며 난장판을 만들고는 가 버렸다.

저녁에 재봉사와 곰이 돌아왔다. 장난꾸러기가 겨우 살

아남아 몸을 잔뜩 꼬부린 채 앉아 있었다.

"무슨 일이 있었니?"

그러나 장난꾸러기는 괴물에게 얻어맞았다고 말하기가 창피했다.

"아무 일도 없었어."

그러나 재봉사는 뭔가 의심이 들기 시작했다. 직접 알아보기로 결심했다. 아침이 되자 재봉사가 곰과 장난꾸러기에게 말했다.

"오늘은 너희 둘이 나무를 하러 갈 차례야. 내가 집을 지킬게."

장난꾸러기와 곰이 나가자 재봉사는 현관 계단에 앉아 보리수 나무껍질로 피리를 만들어 불기 시작했다.

갑자기 숲에서 괴물이 나와 재봉사에게 다가왔다.

"여기서 뭐 하니?"

"피리 불어."

재봉사는 그렇게 대답하고는 바로 이 괴물이 곰과 새끼 도깨비를 괴롭혔다는 것을 알아차렸다.

괴물이 말했다.

"나에게도 피리를 만들어 줘."

"만들어 주면 나도 좋겠는데 보리수 나무껍질이 없어."

"어디 가서 껍질을 가져오면 되는지 말해 줘."

"그럼 같이 가자."

재봉사는 도끼를 들고 괴물을 숲으로 데려갔다. 숲에서 그는 아주 굵고 단단한 나무를 골라 나무 둘레를 도끼로 패고 나서 괴물에게 명령했다.

"더 세게 붙잡아!"

괴물은 손가락을 나무의 벌어진 틈에 밀어 넣었다. 그러자 재봉사는 틈에서 도끼를 빼냈다. 괴물의 손가락은 점점 조여 오기 시작했다.

재봉사가 괴물에게 물었다.

"사실대로 말해. 네가 우리 집에 와서 음식을 먹어 치우고 곰과 장난꾸러기를 두들겨 팼지?"

"내가 하지 않았어!"

재봉사는 화가 나서 괴물을 있는 힘을 다해서 채찍으로 때렸다. 괴물은 큰 소리로 울부짖기 시작했다. 괴물의 비명 소리를 듣고 곰과 장난꾸러기가 달려와서 괴물을 잡아 뜯었다. 괴물이 펄쩍펄쩍 뛰며 소리쳤다.

"나를 놓아줘. 다시는 평생 너희 집에 얼씬도 하지 않을게! 너희 것을 더 이상 건드리지 않을게!"

재봉사는 괴물이 불쌍했다. 쐐기를 틈에 집어넣었다. 괴물은 손가락을 빼고 멀리 달아나서 숲에 숨었다.

재봉사와 곰, 장난꾸러기는 집으로 돌아왔다. 곰과 장

난꾸러기가 재봉사 앞에서 자랑을 늘어놓았다.

"괴물이 우리를 보고 놀라 뒤도 돌아보지 않고 숲으로 도망가는 것 봤지? 우리가 없었더라면 너는 괴물을 당해 내지 못했을 거야!"

재봉사는 기분이 언짢아졌다. 그들과 언쟁을 하고 싶지 않았다. 잠자코 그들의 자랑을 다 듣고 나서 창문을 바라보며 소리 높여 말했다.

"아니 저런! 괴물이 정신을 차렸네. 지금 우리 집으로 들이닥치려고 해! 혼자가 아니라 다른 괴물들과 함께 오고 있어!"

장난꾸러기와 곰은 재봉사의 말을 듣자마자 자리를 박차고 일어나 뒤도 돌아보지 않고 달아났다.

재봉사는 혼자 남게 되었다. 풍문으로 들은 바에 따르면 재봉사는 그 외딴곳에서 혼자 살았고 사람들은 그에게 옷을 지어 달라고 다니기 시작했다. 재봉사는 누구의 부탁도 거절하지 않았다. 젊은 사람, 늙은 사람, 약하고 힘없는 사람 등 가리지 않고 모두에게 옷을 지어 주었다. 그는 항상 일을 손에 놓지 않으며 오랫동안 살았다.

처녀와 물의 요정

한 농부의 가정에 한 처녀가 살고 있었다. 그녀가 태어나자마자 엄마는 돌아가셨다. 악한 계모는 그녀를 좋아하지 않았다. 그래서 새벽 일찍부터 밤늦게까지 일만 시켰다. 어느 날 이른 아침 아직 해가 뜨지도 않았는데 계모는 처녀에게 물을 길어 오라고 시켰다. 할 수 없이 처녀는 잠들어 있는 호수로 갔다. 처녀는 물을 퍼 올리며 울었다.

그녀는 호수에 비친 자신의 모습을 보았다. 자신을 닮은 듯도 하고 닮지 않은 듯도 했다. 눈은 그녀의 것 같은데, 머리카락은 무릎까지 길었다. 갑자기 물에서 손이 쑥 나와 그녀 쪽으로 뻗었다. 손 뒤에는 물고기의 꼬리가 있는 것이 아닌가!

처녀는 양동이를 들고 죽어라 집을 향해 달렸다. 누군가 그녀의 뒤를 따라오는 소리가 들렸다. 그는 그녀를 따라잡으려고 하며 타이르듯이 말했다.

"멈춰. 나를 보면 반할걸. 내 말을 들어!"

처녀는 무서워서 소리를 지르기 시작했고 온 마을 사람들이 잠에서 깼다. 사람들은 집에서 뛰쳐나왔고 물의 요정이 처녀를 뒤쫓는 것을 보았다.

사람들은 불청객 요정을 붙잡아서 가장 튼튼한 자물쇠를 채워 가두고 요정을 어떻게 해야 할지 이러쿵저러쿵 말들을 했다. 오랫동안 논쟁을 했으나 묘안이 떠오르지 않았다. 요정은 사람들에게 관심이 없는 듯했다. 스스로 옷을 잘 차려입고 풍성한 머리카락을 녹색 어깨에 늘어뜨리고는 큰 빗으로 계속 머리카락을 빗었다. 사람들에게 자신의 요술을 시험해 보려고 하지 않았다.

물의 요정은 호숫가에서 처녀를 따라잡을 수 없었다. 처녀는 마법의 힘에 대항하려 멈추지 않았다. 자신에게 무슨 일이 일어났는지도 이해하지 못했다. 그저 처녀는 요정에게 끌렸다. 처녀는 요정이 그 아름다운 머리를 쓰다듬는 것을 보고 싶었고 가장 아름다운 노래를 듣고 싶었다. 요정의 달콤하고 부드럽고 노래하는 것 같은 목소리가 들리는 듯했다. 이전의 무서움은 없어지고 염려, 근심, 슬픔의 감정이 생겼다.

처녀는 몰래 요정이 갇혀 있는 집으로 숨어들었다. 바람에 떨리는 나뭇잎처럼 몸이 떨렸다. 마을 사람들에게 들킬까 봐 두려웠다. 그러나 한쪽 눈으로라도 요정을 보고 싶은 마음이 간절했다. 요정은 문 옆에 앉아 있었다. 요정은 처녀를 보자 교활하게 미소를 지었다. 아무 말도 하지 않고 단지 빗을 머리에 꽂고 처녀에게 자기 쪽으로 오라는 듯 손짓을 했다.

처녀의 가슴이 콕콕 쑤셔 왔다. 마치 새장에 갇힌 어린 새처럼 몸부림치기 시작했다. 아무 생각 없이 그 무서운 곳을 빠져나와서 달리기 시작했다. 집에 다 오기도 전에 마치 다리가 마비된 것 같았다. 귓가에서는 요정의 목소리가 들렸다. 아쉬워하는 마치 영원히 이별을 하는 듯한 목소리였다. 처녀는 몸을 돌려 다시 요정이 있는 집으로 향해 뛰었다. 문틈으로 들여다보았다. 아주 슬픈 눈동자를 한 요정이 거기 있었다.

처녀는 집으로 들어가서 요정을 풀어 주기로 결심했다. 어떻게 해야 할지 몰랐다. 정신이 나간 사람처럼 집 주위를 돌아다녔다. 요정을 풀어 줄 수 없다면 처녀의 삶은 슬플 것 같았다. 처녀의 눈에서는 눈물이 시냇물처럼 흘렀다. 한번 달리면 멈출 수가 없는 법이다.

마을에서는 처녀에게 뭐가 심상치 않은 일이 있다는 것을 눈치챘다. 처녀가 몰래 요정에게 갔다 오는 것을 보게 되었다. 호수의 마녀를 처녀가 풀어 주려고 한다는 것을 눈치챘다. 마을 사람들은 처녀를 요정과 함께 가두었다. 어떤 이유에서건 풀려날 수 없을 거라고 단단히 벌을 주었다. 아무리 처녀가 간청을 해도, 앞으로 말을 잘 듣겠다고 맹세를 해도 소용이 없었다. 아무도 처녀의 호소에 귀를 기울이지 않았다.

그러자 처녀는 아프다고 말했다. 사실 건강이 좋지 않기도 했다. 처녀는 자신을 누구보다도 사랑했던 오빠에게 요정과 함께 풀어 달라고 애원했다.

"요정이 없이는 내 삶은 없어. 이 마을에서 나는 이제 완전히 이방인이야. 이 불쌍한 동생을 가엾게 여겨 줘!"

오빠는 달리 도리가 없었다. 깜깜한 밤에 그는 자물쇠를 열고 들어가서 누이를 껴안았다.

아침에 호숫가에서 처녀의 목소리가 들렸다. 처녀가 조용히 느릿느릿 걸으며 마을 사람들과 안부 인사를 하는 것 같기도 했고 작별 인사를 하는 것 같기도 했다. 마을 사람들이 모두 호수로 달려가 봤지만 아무도 없었다.

그때부터 저녁에 석양이 질 때마다 슬프고 사려 깊은 처녀 목소리가 계속 들렸다. 한 해가 가고 또 한 해가 갔다. 처녀 목소리는 호숫가 어디에서나 울려 퍼졌다. 그 소리는 사람들에게 평온을 주지 않고 그들의 마음을 불안하게 했다.

마을 사람들은 처녀를 요정에게서 떼어 놓을 수 있는 방법을 곰곰이 생각했다. 호수에 그물을 던져 보기도 하고 둑과 제방을 만들어 보기도 했으나 다 소용이 없었다. 마을 사람들은 다시 오랫동안 생각하고 또 점을 쳤다. 그리고 마침내 호수의 물에 독을 타기로 결정했다. 마을 사람들은 호수에 독을 탔다.

아침 일찍 사람들은 소들이 음매거리며 울지 않고 짐승처럼 울부짖고 어떤 소에게서도 젖이 나오지 않고 누군가 소들을 죽였다는 소리를 듣게 되었다. 아무리 소들을 보살피고 밤마다 망을 봐도 소용이 없었다. 가축들이 괴로워했고 젖도 나오지 않았고 새끼를 낳지도 못했다.

그렇게 한 해가 가고 또 한 해가 갔다. 마침내 마을에서 가장 나이가 많고 현명한 사람들이 모였다. 그들은 호수에 물을 채워 주었던 샘으로부터 물길을 파라고 마을 사람들에게 명령했다. 힘든 일이었다. 마침내 새 호수가 만들어졌다. 물의 요정은 새 호수가 마음에 들었다. 깨끗한 물에서 노닐 수 있게 되었다. 그러자 소에게서는 기름지고 맛있는 젖이 나오기 시작했다.

어느 날 예전의 오래된 호숫가에서 다시 처녀의 목소리가 들렸다. 마치 샘물처럼 깨끗하고 투명한 목소리였다. 마을 사람들은 맞은편에서 걸어오는 불쌍한 고아 처녀를 보았다. 사람들이 아무리 물어도 돌아오는 대답은 한결같았다.

"몰라요. 아무것도 보지 못했어요."

처녀는 말이 없어졌고 조용해졌다. 매일 저녁 처녀는 호숫가로 가서 똑같은 자장가를 불렀다. 그녀의 오빠는 어떻게 누이동생이 그 노래를 알게 되었는지 이해할 수 없었다.

그것은 엄마가 살았을 때 불러 주었던 노래였다. 누이동생은 엄마의 다정한 목소리를 들은 적도 없었다.

주흐라 별

주흐라라는 이름을 가진 처녀가 살았다. 그녀는 아름다웠고 총명했다. 또 솜씨가 좋기로 평판이 자자했다. 주위 사람들은 그녀의 솜씨와 민첩함, 예의 바름에 매료되었다. 사람들은 주흐라가 자신의 아름다움과 근면함에 자만하지 않아서 좋아했다.

주흐라는 아버지와 계모와 함께 살았는데 계모는 주흐라를 시기했다. 계모는 아무것도 아닌 하찮은 일로 주흐라를 꾸짖고 가장 힘든 집안일을 시켰다. 아버지가 있을 때는 참다가 아버지가 나가면 바로 의붓딸을 괴롭히기 시작했다. 계모는 나뭇가지를 주워 오라고 주흐라를 뱀과 사나운 짐승들이 들끓는 무섭고 울창한 숲으로 보내곤 했으나 짐승들은 한 번도 이 착하고 예쁜 처녀를 건드리지 않았다.

주흐라는 새벽부터 밤까지 계모가 시킨 일을 다 해서 계모에게 잘 보이려고 노력했다. 그러나 주흐라의 순종과 한없는 인내심은 계모를 바른 길로 인도하지 못했다.

어느 날 저녁 무렵 주흐라는 계속되는 집안일로 몹시 피곤했다. 그러나 계모는 주흐라에게 바닥이 없는 양동이를 주고 강에 가서 물을 담아 오라고 시키며 으름장을 놓았다.

"아침 해가 뜨기 전까지 물을 꽉 채우지 않으면 집에 들어올 생각도 하지 말거라!"

주흐라는 거절하지도 못하고 멜대가 달린 양동이를 들고 강으로 갔다. 이미 졸음이 밀려들었고 두 다리는 천근만근 무거웠으며 두 손은 말을 듣지 않았다. 어깨는 빈 양동이의 무게에도 축 처졌다.

아주 아름다운 밤이었다. 달이 땅 위로 은색의 빛을 뿌렸고 주위는 달콤한 평온함 속에서 달빛을 받아 빛났다. 별들은 하늘에서 윤무를 추듯이 서로 합쳐지며 강물에 비쳐서 반짝였다. 별의 은밀한 아름다움에 취해서 주흐라는 순간적으로 모든 것을 잊어버렸다. 슬픔과 고통이 저 멀리 달아났다.

물고기들이 갈대밭에서 춤을 추었고 약한 파도가 강가에 넘실거렸다. 파도와 함께 그리운 어린 시절의 기억이 마치 사랑하는 엄마의 다정한 말이 울리듯 밀려들었다. 엄마 생각 때문에 현실을 잠시 잊고 있었던 주흐라는 순간적인 망각에서 깨어나자 이전보다 더 괴로워졌다. 뜨거운 눈물이 뺨을 따라 흘러내렸다. 눈물은 커다란 보석이 되어 땅에 떨어졌다.

주흐라는 깊게 한숨을 쉰 후 양동이에 물을 채웠다. 멜대는 참을 수 없는 무게로 처녀의 어깨를 짓눌렀다. 그러나 돌이 가슴을 더 짓눌렀다. 더 무겁게 짓눌렀다. 주흐라는 다시 달을 보았다. 달은 아까처럼 계속해서 하늘을 따라 지나가고 있었다. 한층 교교하게 빛나며 지나가고 있었다. 주흐라는 다시금 모든 것을 잊고 싶어졌다. 하늘의 순례자처럼 고통스럽게 의무감을 갖고 선량하고 다정하게 살아야 하는 것도 다 잊고 싶었다.

바로 그때 하늘에서 별 하나가 떨어졌다. 별이 떨어진 그곳은 더 밝아졌다. 주흐라의 마음이 갑자기 가벼워졌다. 무거운 돌이 처녀의 가슴을 더 이상 짓누르지 않았다. 달콤한 나른함이 그녀를 감쌌고 그녀는 평온하고 즐거워졌다. 주흐라는 물이 든 양동이가 거의 무게가 나가지 않는 것처럼 느껴졌다. 그녀의 두 눈이 스르르 감겼다. 주흐라가 자신의 긴 속눈썹을 올렸을 때 그녀는 오랫동안 들여다보았던 달 안에 있는 자신의 모습을 보았다. 수많은 별무리들이 그녀를 에워싸고 있었다. 별무리 중 하나가 유독 밝게 빛났다.

알고 보니 그 별은 항상 주흐라를 살피고 있었다. 그 별은 악한 계모에 대항해 고약한 마음이 생기지 않도록 안간힘을 쓴 주흐라의 괴로움을 보고 있었다. 바로 그 별이 자신의 빛으로 주흐라를 하늘 위에 있는 달로 안아 올렸다. 이 세상 어느 누구도 그것을 보지 못했다. 그 어느 것도 그녀의 밤의 평온을 깨지 못했다. 강은 잔물결로 덮였고 다시 거울처럼 깨끗해졌다. 아침 해와 함께 달도 별들도 사라졌다.

주흐라의 아버지가 강가로 와서 오랫동안 딸을 찾았다. 사랑하는 딸의 이름을 불렀다. 그러나 물이 가득 들어 있는 양동이 두 개만이 보였다. 깨끗한 물에 작고 밝은 별 하나가 갑자기 나타났다가 사라진 것 같았다. 아니 사실 별이 나타났다.

날이 어두워졌다. 아버지의 눈에 뭔가 깜빡거리는 것이 보였다. 그는 양동이를 손으로 건드렸다. 물이 흔들리더니 반짝거리기 시작했다. 양동이를 가득 채운 것이 물이 아니라 값비싼 보석들인 것 같았다. 만일 맑은 날 밤에 달을 잘 보면 어깨에 양동이를 메고 있는 처녀의 모습이 보일 거다. 달 바로 옆에서 밝게 빛나는 별을 볼 수 있다. 그것이 착한 처녀를 하늘로 데려간 바로 그 별이다. 그 별의 이름이 주흐라다.

영리한 청년

한 가난한 사람에게 세 아들이 있었다. 큰아들이 일을 찾아서 집에서 나가려고 하자 아버지가 아들을 배웅하며 말했다.

"저 멀리 있는 마을의 무사라는 이름의 지주 집에서는 일하지 말거라."

큰아들은 아버지가 말한 바로 그 마을에 도착했다. 거기에서 마침 무사와 마주쳤다.

큰아들이 물었다.

"일꾼이 필요하지 않으세요?"

"필요해."

청년은 아버지의 말이 생각나서 또 물었다.

"이름이 무엇인지 말해 주세요."

"내 이름은 무사다."

"됐어요. 당신 집에서는 일하지 않을래요. 아버지가 그렇게 하라고 시켰어요."

청년은 계속 길을 갔다. 청년이 길을 걷는 동안 무사는 굽은 골목길로 그를 앞질러 와서 그의 앞에 섰다. 청년은 무사를 알아보지 못하고 물었다.

"일꾼이 필요하지 않으세요?"

"필요해."

"이름이 뭐예요?"

"내 이름은 무사야."

청년은 생각했다.

'아마 이 동네에 사는 모든 노인들의 이름이 똑같은가 보다. 고를 필요가 없어. 일자리를 구해야겠다.'

청년이 물었다.

"얼마를 주시겠어요?"

"매일 너에게 빵 한 조각과 차 한 잔을 주겠다. 만일 이것에 네가 만족하지 않고 짜증을 내면 내가 너에게 백 대를 때리고 돈은 한 푼도 주지 않을 거야. 그리고 만일 네가 하는 일이 내 마음에 들지 않아서 내가 짜증을 내면 네가 나를 백 대를 때리고 돈을 요구해라."

청년은 무사의 요구 조건에 응하고 그의 집에서 일하기 시작했다. 그는 하루 종일 일을 했고 굶주린 채 집으로 돌아왔다. 그러나 그를 기다리는 것은 차 한 잔과 빵 한 조각이었다. 청년은 그렇게 먹으며 빼빼 말라 갔다. 하루는 일에 지친 채 집으로 돌아왔다. 빵 한 조각을 다 먹고 차를 마시고는 빈 찻잔을 접시에 탁 놓았다. 그러자 무사가 바로 물었다.

"음식에 불만이니?"

"어떻게 만족할 수 있단 말이에요. 아침부터 저녁까지 고개도 들지 못하고 일하는데 음식도 충분히 먹지 못하니!"

무사는 청년의 윗옷을 잡고 계약대로 그를 때리기 시작했다. 그리고 한 푼도 주지 않고 내쫓았다. 둘째 아들도 똑같이 당했다.

막내아들이 길을 떠날 채비를 했다. 막내아들도 같은 마을에 도착해서 무사와 마주쳤다.

"일꾼이 혹시 필요하지 않으세요?"

"필요하지."

"할아버지 이름이 어떻게 되세요?"

"무사야."

"제게 필요한 분이세요. 당신을 찾아 여기까지 왔어요."

막내아들은 형들과 같은 조건으로 그 노인 집에서 일하게 되었다. 하루, 이틀, 3일이 지났다. 막내아들은 일을 하고 집에 돌아와서 차를 마시고 빵 조각을 먹었다. 그러나 항상 미소를 지었다. 무사가 그에게 물었다.

"너는 정말 이런 음식에 만족하니?"

"네. 저는 만족해요."

"그래. 너는 정말 좋은 일꾼이야. 내일 이웃의 일꾼들과 함께 양을 치게 될 거야."

다음 날 아침 막내아들은 다른 일꾼들과 함께 양을 돌보고 난 후 낮에 가장 통통한 양을 잡아 고기를 삶아 일꾼들에게 대접했다. 양을 돌보고 집에 와서 저녁을 먹으러 식탁에 앉았다. 차를 마시고 빵 한 조각을 먹었다. 식탁에서 일어나려고 하자 무사가 그를 저지했다.

"아마 식사에 불만이 있겠지?"

"아니요. 전혀요. 아주 만족해요. 목까지 꽉 찼어요. 낮에 일꾼들과 함께 양을 잡아서 배 터지게 먹었어요. 자, 어때요? 제게 불만이세요?"

"아니! 아니!"

노인이 아내에게 말했다.

"그에게 양을 맡기면 안 되겠어. 양을 다 잡아먹을 거야."

그래서 노인은 막내아들에게 말을 돌보게 시켰다. 아침에 막내아들은 다른 일꾼들과 함께 말을 돌보러 갔다. 낮에 그는 가장 살이 찐 말을 잡아서 고기를 한 솥 끓여 자신도 배부르게 먹고 일꾼들에게도 대접했다. 그리고 말가죽을 팔아서 그 돈으로 지나가는 상인에게 차와 설탕을 샀다.

저녁에 집에 돌아와서 귀퉁이에 앉아 차 한 모금을 넘기고 빵 조각을 씹었다. 그리고 자리에서 일어나려고 하자 노인이 그를 막고 물었다.

"음식에 불만이지?"

"아니요. 아주 만족해요. 낮에 당신의 말을 잡아서 고기를 실컷 먹었어요. 제게 불만이 있으시죠?"

"아니! 아니! 너는 내일부터 집안일을 해라."

며칠 후 무사네 집에 손님들이 왔다. 무사는 마당에 나와서 막내아들에게 말했다.

"손님들을 위해 양을 잡아라."

"어떤 양을 잡을까요?"

"우리로 가서 손뼉을 치거라. 너를 돌아보는 양을 잡아."

막내아들은 우리로 가서 손뼉을 쳤다. 양들은 놀라서 다른 쪽 구석으로 몰려갔다. 그리고 거기서 꼼짝도 하지 않고 그를 응시했다. 막내아들은 양들을 하나둘 모두 잡았다. 그리고 한 양에게서 가죽을 벗기고 그 고기를 집으로 가져갔다. 무사가 물었다.

"왜 이렇게 오래 걸렸니?"

"일이 너무 많았어요. 우리에 있는 양들이 모두 저를 바라보았어요. 양들을 모두 잡아 처리하느라 늦었어요. 제게 불만이세요?"

"아니! 아니!"

무사는 그렇게 말했으나 거의 울 지경이었다. 무사가 아내에게 말했다.

"저놈이 결국은 우리를 망하게 할 거야! 저놈이 무슨 일을 벌였는지 알아? 우리 양들을 다 잡았어! 늦기 전에 저놈에게서 벗어나야 해. 저놈에게 산에 있는 호수로 말을 데리고 가라고 해야겠어. 그러면 산에서 짐승들에게 잡아먹힐 거야."

그리고 무사는 막내아들을 산으로 보냈다. 막내아들은 산에 가서 호수를 찾았다. 호숫가에는 보리수나무가 많이 자라고 있었다. 그는 가장 여린 나무를 꺾어 그 껍질로 끈을 꼬기 시작했다. 어디선가 괴물이 뛰어와서 물었다.

"여기서 뭐 하니?"

"별거 아냐. 새끼줄을 꼬아서 그 줄에 호수를 하늘로 매달려고."

괴물은 잠자코 호수로 들어가서 말 한 마리를 끌고 나와 말했다.

"먼저 이 말을 들어 올려서 호수 주변을 끌고 다니면 그때 네 말을 믿을게."

청년이 말했다.

"어떻게 해야 하는지 보여 줘."

괴물은 자기 어깨 위에 말을 올리고 호수 주변을 한 바퀴 돌았다.

"이제 네 차례야."

청년은 새끼줄로 굴레를 만들어서 말의 머리에 얹고 말

의 등에 올라탄 후 호수 주변을 돌며 말했다.

"내가 말을 어떻게 모는지 보았지?"

괴물은 놀라서 다시 호수로 들어가 자신의 형에게 말했다.

"겁이 나. 호숫가에 한 남자가 앉아서 우리 호수를 하늘에 매단다고 위협하고 있어."

형 괴물이 호수에서 나와 청년에게 물었다.

"여기서 뭐 하니?"

"호수를 하늘에 매다는 것을 보게 될 거야."

괴물은 다시 호수로 들어가 삼백 킬로그램이나 되는 철봉을 들고 나와 말했다.

"이 철봉을 하늘로 던진 다음 날아오는 철봉을 한 손으로 받아서 땅에 놓아 봐. 그러면 네가 얼마나 힘이 센지 믿을게."

"네가 먼저 시범을 보여 줘."

괴물은 아무 말도 하지 않고 철봉을 하늘로 던졌다. 철봉이 아래로 떨어지자 그것을 잡아서 땅에 놓았다. 막내아들은 철봉으로 다가가서 두 손으로 그것을 잡고는 고개를 들어 하늘을 떠가는 구름을 응시했다.

괴물이 물었다.

"무얼 보니?"

"가늠을 해 보는 거야. 내가 철봉을 높이 하늘의 구름 속으로 던지면 땅으로 되돌아오지 않을 것 같아서."

그러자 괴물은 철봉을 잃을까 봐 무척 겁이 났다. 그는 간청하기 시작했다.

"필요 없어. 필요 없어. 던지지 않아도 돼!"

막내아들은 고집을 부렸다.

"한번 말했으니 던질 거야. 너와 논쟁하고 싶지 않아."

괴물이 부탁했다.

"내 말을 들어주면 네가 시키는 것을 다 할게."

막내아들은 잠시 생각하고 나서 대답했다.

"네가 나를 등에 태우고 네 동생과 함께 내 주인 무사에게 데려다주면 철봉을 그대로 놔둘게."

괴물은 동의했다. 호수에서 동생 괴물을 불러 막내아들을 등에 태우고 갔다.

숲 가장자리에서 막내아들은 쓰러져 있는 참나무를 보았다.

"멈춰! 바로 저게 내 엄마의 물렛가락이야. 엄마가 열매를 따러 숲으로 왔다가 잃어버린 거야. 가져가자!"

괴물은 쓰러져 있는 참나무를 들어 올렸다. 무서운 생각이 들었다.

'그의 엄마에게 이렇게 큰 물렛가락이 있다면 그 엄마는

어떤 사람일까?'

강가에서 막내아들은 맷돌을 보았다.

"바로 이게 어머니의 물렛가락에서 떨어진 머리 부분이야!"

동생 괴물이 맷돌을 들고 갔다. 그들은 그렇게 마을에 도착했다.

그때 무사는 문 옆 의자에 평온하게 앉아서 햇볕을 쬐고 있었다. 갑자기 두 괴물이 나타났다. 무사는 무서워서 몸을 부들부들 떨었다. 그런데 막내아들은 아무 일도 없는 듯 괴물을 마당으로 데리고 와서 참나무와 맷돌을 어디에 놓아야 할지를 알려 주고는 무사에게 말했다.

"제가 말 두 마리를 끌고 왔어요. 말들을 마구간에 매어 놓을까요?"

몹시 놀란 무사가 속삭였다.

"그들을 빨리 풀어 줘. 내 눈앞에 더 이상 띄지 않게 해 줘."

그 후 무사는 막내아들에게 음식을 충분히 주어서 먹게 했다. 아무것도 묻지 않았다.

어느 날 저녁에 무사가 막내아들에게 말했다.

"오늘은 헛간에서 자거라."

막내아들은 헛간에 누웠다. 그런데 무사와 아내는 물 한 솥을 끓여 지붕을 통해 막내아들에게 끼얹었다. 뜨거운 물로 화상을 입히려고 한 것이다. 그러나 물이 쏟아지자 막내아들은 벌떡 일어나 멀리 구석으로 피했다. 무사는 자신의 계획에 아주 만족했다. 무사가 아내에게 말했다.

"이번에는 살아남지 못할 거야. 내일 우리는 저놈을 묻어야 할 거야."

다음 날 아침 무사가 헛간 문으로 다가갔다. 엷은 웃음을 지으며 물었다.

"어이! 잘 잤어? 밤에 누가 깨우지는 않았어?"

갑자기 대답이 들렸다.

"주인님! 저도 아주 잘 잤어요. 밤에 따뜻한 비를 흠뻑 맞았어요. 아주 만족스러웠어요."

무사는 돌아와서 아내에게 말했다.

"그놈이 살아 있어! 끓는 물도 그에게는 따뜻한 비가 돼 버려. 무엇으로도 그를 죽일 수 없을 것 같아. 머지않아 그가 우리를 죽일 거야."

무사와 아내는 슬펐다. 그들은 잠시 생각하다가 집에서 달아나기로 결심했다. 무사의 아내는 길을 가다가 먹을 빵을 구웠다. 무사는 빵을 자루에 넣고 마차의 뒤에 매달았다. 막내아들이 그것을 눈여겨보고는 몰래 자루에서 빵을 다 꺼낸 후 빈 자루 속에 들어가 숨었다.

저녁에 무사는 말에 안장을 채우고 아내를 마차에 태우고 떠났다. 그들은 달리고 또 달렸다. 말을 재촉하며 서둘러 달렸다. 강가에 채 다 오기도 전에 무사가 말했다.

"마침내 우리는 그놈에게서 벗어났어. 그놈은 우리를 찾지 못할 거야!"

무사는 말을 매어 놓았다. 그들은 잠자기 위해 누웠다. 막내아들은 자루에서 나와 말을 마차에 매기 시작했다. 무사는 잠에서 깨 고개를 들었다. 막내아들이 말을 매는 것이 보였다.

막내아들이 물었다.

"주인님! 제가 당신의 말을 데려가 버리면 화를 내실 건가요?"

"너는 내 가축을 모두 없앴어. 그런데 이제 말까지 데려가다니! 어떻게 화가 나지 않을 수 있겠니?"

무사는 소리치며 벌떡 일어났다.

막내아들이 말했다.

"불만인 거죠? 그렇다면 계약에 따라 벌을 받으셔야죠! 계약을 명심하세요!"

막내아들은 무사의 손과 발을 묶고 윗옷을 찢은 후 등을 채찍으로 때리며 판결을 내리기 시작했다.

"이 매는 내 큰형을 대신해서 주는 벌이고 이 매는 내 둘째 형을 대신해서 주는 벌이고 이 매는 바로 나와의 계약을 위반한 벌이다."

귀신과 그의 딸에 관한 이야기

옛날 '사파'란 이름의 사람이 살고 있었다. 어느 날 그는 이 세상을 유람하기로 하고 아내에게 말했다.

"가서 사람들이 어떻게 사는지 보고 오겠소."

그는 걷고 또 걷다가 숲의 가장자리에 도착했다. 사악한 우비르[9]가 백조를 덮쳐 잡아먹으려고 하는 것을 보았다. 백조는 소리쳤고 몸은 갈가리 찢기고 있었다. 백조가 마녀에게 벗어나는가 싶더니 또 잡혔다. 마녀의 수중에서 완전히 벗어날 수 없었다. 마녀가 백조를 이기고 있었다.

사파는 흰 백조가 가여워서 백조를 구하려고 돌진했다. 사악한 마녀는 놀라서 달아났다. 백조는 사파에게 도와주어 고맙다고 하며 말했다.

"이 숲 뒤 호수에 세 동생들이 살아요. 동생들을 보여 주고 싶어요. 내 등에 타고 동생네 집에 놀러 가요!"

사파는 백조 등에 타고 날아갔다. 첫째 동생에게 도착해서 백조가 말했다.

"이분이 나의 생명을 구했어. 그 대가로 아무 선물이나

9) 타타르 설화 속에 등장하는 마녀.

그에게 해 줘."

동생이 말했다.

"은혜를 입은 당사자가 선물을 해야지. 나는 그에게 아무것도 주지 않을 거야!"

백조는 화가 났으나 아무 말도 하지 않았다. 사파를 등에 태우고 둘째 동생에게 갔다. 사파가 그를 위험에서 구한 것을 이야기하고 그에게 뭐든지 선물을 줄 것을 부탁했다.

둘째 동생이 말했다.

"은혜를 입은 당사자가 선물을 해야지. 나는 그에게 아무것도 주지 않을 거야!"

백조는 동생에게 아무 대꾸도 하지 않았다. 다시 사파를 등에 태우고 막냇동생에게 갔다.

막냇동생은 아주 기뻐하며 그들을 친절하고 다정하게 맞이하고 고기와 차를 대접했다. 그리고 사파가 언니의 목숨을 구해 준 것을 알게 되자 그에게 선물로 상자 하나를 주었다.

막냇동생이 말했다.

"길을 가는 도중에는 절대 열어 볼 생각을 하지 마세요. 열면 좋지 않을 거예요! 반드시 집에 돌아가서 여세요."

사파는 백조의 막냇동생네 집에서 하룻밤을 묵고 집으로 출발했다. 그는 걸어가면서 생각했다.

'도대체 이 상자 안에 무엇이 들었기에 길을 가는 도중에 열면 절대 안 된다는 거지?'

사파는 걷고 또 걸었다. 그런데 궁금해서 참을 수가 없었다. 가던 길을 멈추고 상자를 열었다. 바로 그때 여러 가지 비싼 물건들이 있는 작은 진열대가 그 앞에 나타났다. 사방에서 사람들이 가게로 와서 물건을 흥정했다. 그리고 사파에게 물건 값을 건넸다. 그들이 얼마나 많은 금을 쌓아 놓는지 사파는 옴짝달싹할 수가 없었다.

사파는 너무 당황스러워 어떻게 해야 할지 몰랐다. 길 한가운데 멈춰 서 있을 수는 없지 않은가! 상자를 닫으려고 했으나 허사였다. 그 자리에 앉아서 백조의 말을 듣지 않고 길에서 상자를 연 것을 후회하며 한숨을 푹푹 쉬고 있었다. 그때 땅 밑에서 희고 긴 수염을 가진 노인이 그 앞에 나타났다. 노인이 물었다.

"왜 한숨을 쉬고 있니?"

사파는 그동안 자신에게 생긴 일을 이야기했다.

노인이 말했다.

"내가 너의 고통을 사라지게 해 주마. 단 조건이 있어. 네 집에 있으나 너 자신은 그것에 대해 모르는 것을 나에게 넘겨라."

사파는 곰곰이 생각하기 시작했다. '집에 있으나 나 자신이 모르는 것이 도대체 뭐지?' 생각하고 또 생각했지만 도저히 알 수가 없었다. 그는 노인에게 말했다.

"좋아요. 집에 있으나 나 자신이 모르는 그것을 드릴게요. 제발 도와주세요!"

"좋아. 우리의 약속을 명심해라! 만일 나를 속이면 좋지 않을 거다!"

말을 마치자마자 노인은 상자의 뚜껑을 닫았다. 그러자 바로 모든 것이 상자 안으로 사라졌다. 비싼 물건들로 가득했던 진열대도 돈도 다 사라졌다.

사파는 상자를 들고 계속해서 가던 길을 갔다. 흰 수염의 노인은 마치 땅속으로 사라진 것처럼 온데간데없었다.

그 노인은 귀신이었다. 그는 사파에게서 어떤 물건을 원한 것이 아니라 그의 아들을 원한 것이었다. 사파가 유람을 하러 떠난 후 아내는 아주 건강하고 강인하고 잘생긴 아들을 낳았다. 사파가 집에 돌아왔다. 아내가 어린 아들을 안고 있었다. 사파는 아들을 껴안고 입을 맞추기 시작했다. 그리고 흰 수염을 한 노인에게 넘겨야 할 것이 바로 이 아들이라는 것을 알아차리고는 눈물을 흘렸다.

아무 일 없이 15년이 흘렀다. 노인과 약속한 기한이 다가오자 사파가 아들에게 말했다.

"아들아! 우리가 헤어질 시간이 됐다!"

그리고 그는 아들에게 상자와, 노인, 노인과 한 약속에 관한 모든 이야기를 해 주었다.

아들이 말했다.

"달리 할 수 있는 게 아무것도 없어요. 한 번 약속한 것은 반드시 지켜야지요."

젊은 청년은 아버지, 어머니와 작별 인사를 하고 집을 떠났다. 그는 한참을 걸어서 호수에 도착했다. 귀신이 그를 맞이하기로 한 곳이었다. 청년은 호숫가에 앉아서 기다리기로 했다. 갑자기 하늘에서 무슨 소리가 들리더니 흰 백조 떼가 호수로 날아왔다. 백조들은 청년을 보지 못하고 호숫가로 내려와 물에서 첨벙거리기 시작했다. 청년은 백조들이 아주 마음에 들었다. 그래서 몰래 숨어 한 마리를 잡았다. 다른 백조들은 소리를 지르며 날아가 버렸으나 한 마리 백조는 청년의 손안에 남게 되었다.

백조가 사람의 목소리로 말했다.

"저를 놓아주세요!"

"아니! 절대 놓아주지 않을 거야!"

백조는 그 자리에서 날개를 세게 펄럭였다. 그러자 백조는 아름다운 처녀로 바뀌었다. 청년이 놀라 물었다.

"당신은 누구세요?"

"저는 당신의 아버지가 당신을 내어 주기로 한 그 귀신의 딸입니다. 제 아버지는 사람을 잡아먹어요. 아버지는 당신을 잡아먹고 싶어 해요! 그러나 만일 당신이 나를 놓아주면 당신이 죽는 것을 면하게 해 드릴게요. 아버지가 당신을 잡아먹으려고 하면 '나에게 어떤 일이든 주세요'라고 말하세요. 이제 저는 집에 가야 할 시간이에요."

그 말과 함께 아름다운 처녀는 날개를 펄럭였고 다시 흰 백조로 변했다. 그리고 날아가 버렸다. 백조가 날아가자마자 귀신이 호숫가로 왔다. 귀신은 청년을 보고 기뻐했고 그를 자기 집으로 데려갔다. 집에 오자마자 청년이 귀신에게 말했다.

"아무 일도 하지 않고 살 수 없어요. 나에게 어떤 일이든 주세요!"

"좋다. 네게 일을 주마. 밤사이에 이 숲에 있는 나무들을 베어 도끼질을 해서 장작으로 쪼개 쌓아 놓아라. 그리고 그날 밤에 장작을 팔아 그 돈으로 호밀을 사서 나무가 사라진 이 숲에 씨앗을 뿌려라. 같은 날 밤 추수를 해서 빻아 그 곡식 가루를 내 창고에 가져다 놓아라. 이 일을 다 해 놓지 않으면 너는 죽은 목숨이다!"

귀신은 그렇게 말하고 떠났다. 청년은 앉아서 곰곰이 생각했다. 그러나 어떻게 해야 할지 도저히 알 수 없었다.

저녁 무렵에 귀신의 딸인 아름다운 처녀가 그에게 다가

와서 아버지가 그에게 어떤 일을 시켰는지 물었다. 청년이 이야기를 해 주었다.

"슬퍼하지 마세요. 그런 일이라면 제가 할 수 있어요. 당신은 누워서 아침까지 편안히 주무세요!"

청년은 그녀가 시키는 대로 잠자리에 들었다.

그날 밤 처녀는 현관 계단으로 나가 낮게 휘파람을 불었다. 그녀의 휘파람 소리에 알 수 없는 사람들이 모여들더니 물었다.

"무슨 명령을 내리실 겁니까?"

처녀는 그들에게 해야 할 일을 말했다. 사람들은 일에 착수했고 순식간에 그녀가 말한 일을 다했다. 이른 아침 무렵 닭이 울기 시작하자 사람들은 사라졌다. 마치 원래부터 그들이 없었던 것 같았다. 아침에 귀신이 왔다. 청년이 그가 시킨 모든 일을 다 해낸 것이 아닌가! 귀신은 놀랐다.

'이놈은 범상치 않은 인간임에 틀림없어!'

귀신이 청년을 잡고 말했다.

"네가 이 일을 잘했으니 이제 너에게 다른 일을 주마. 밤사이에 한쪽 호수의 물을 다른 쪽 호수로 옮겨라!"

귀신이 떠나자마자 아름다운 처녀가 다가와 아버지가 무슨 일을 시켰는지 물었다.

"밤사이에 한쪽 호수의 물을 다른 쪽 호수로 옮기라고 시켰어요."

"그 일도 해낼 수 있어요. 가서 누워 편안히 아침까지 주무세요!"

그녀는 다시 그 사람들을 불러 물을 퍼내라고 명령했다.

아직 아침 해가 뜨기도 전에 사람들은 한쪽 호수에 있는 물을 전부 다른 호수로 옮겼다. 닭이 울기 시작하자 사람들은 사라졌다.

아침에 청년은 귀신에게 가서 말했다.

"명령을 다 이행했습니다!"

귀신은 청년이 한 일을 보고 어떤 것으로도 청년을 놀라게 하지 못하리라는 것을 알았다. 어떤 일을 시켜도 다 할 것이라는 것을 알았다. 귀신은 잠시 생각한 후 말했다.

"마구간에 종마가 한 마리 있다. 누구든 그 말에게 재갈을 물리고 무서워하지 않고 타는 자에게 나의 사랑하는 딸을 줄 생각이야. 한번 도전해 보지 않으련?"

"좋아요. 해 볼게요! 언제 말을 타야 하죠?"

"내일 아침 무렵에!"

청년은 귀신의 딸에게 가서 모든 것을 말했다.

"알아 두세요. 아버지가 말로 변할 거예요. 만일 당신이 대장장이에게 가서 40푸트[10)]의 망치를, 그리고 무두장이에게 가서 40푸트의 재갈을 가져오면 말에 재갈을 물릴 수 있을 거예요."

청년은 바로 대장장이와 무두장이에게 가서 40푸트의 망치와 40푸트의 재갈을 주문했다. 망치와 재갈이 준비되자 청년은 마구간으로 갔다. 마구간의 문은 스무 개의 무거운 자물쇠로 채워져 있었다. 그는 자물쇠를 다 풀고 안으로 들어갔다. 거기에는 종마가 한 마리 서 있었다. 콧구멍에서는 불길이 뿜어져 나왔고 갈기를 흔들고 발굽으로 땅을 차고 있었다. 아무도 가까이 오지 못하게 했다. 청년은 기회를 엿보다가 이때다 싶어 말의 머리를 40푸트의 망치로 때렸다. 그러자 말은 바로 온순해졌다. 갈기를 흔들지도 않았고 발굽으로 땅을 차지도 않았다. 그때 청년은 40푸트의 재갈을 물려 마구간에서 끌고 나왔다. 그런 다음 말 위로 뛰어올라 양 옆구리를 발로 찼다. 말은 달리기 시작했다. 말은 머리를 흔들고 날카로운 소리로 울부짖으며 청년을 떨어뜨리려고 했으나 허사였다. 마치 청년은 말의 잔등에 딱 붙은 듯 흔들리지도 움직이지도 않았다. 그리고 자신의 40푸트의 망치로 말의 늑골을 때렸다. 말은 오랫동안 청년을 태우고 다니다 지쳐서 자신의 마구간으로 돌아왔다. 청년은 말을

---

10) 예전 러시아의 중량 단위. 1푸트는 16.38킬로그램.

가두고 스무 개의 자물쇠를 채운 다음 처녀에게 가서 있었던 일을 다 이야기해 주었다. 그녀는 이야기를 다 듣고 나서 말했다.

"내일 아버지는 딸들을 모두 비둘기로 변하게 한 다음 그들 중에서 나를 알아맞히게 시킬 거예요. 그러면 당신 옆을 날아가는 비둘기를 아버지에게 가리키세요."

다음 날 아침 귀신은 청년을 불러 비둘기 떼를 보여 주며 말했다.

"비둘기들이 보이지? 비둘기들 중에 내 막내딸이 있다. 만일 네가 내 막내딸을 알아맞히면 내 딸을 아내로 삼게 하마."

청년은 비둘기들을 유심히 관찰하기 시작했다. 바로 그때 한 마리가 그의 옆을 날아갔다. 청년은 그 비둘기를 가리켰다.

"바로 저 비둘기가 당신의 막내딸입니다!"

귀신은 화가 났다. 그는 생각했다.

'필시 딸아이가 비둘기들 사이에서 자신을 알아볼 수 있도록 미리 말해 준 것이 틀림없어!'

저녁에 아름다운 처녀가 청년에게 가서 말했다.

"내일 아버지는 다시 당신에게 언니들 사이에서 나를 알아맞히라고 시킬 거예요. 우리 모두는 쿠비즈11)를 연주할 거예요. 우리가 연주하기 시작하면 바로 당신은 춤을 추세요. 당신이 춤을 추게 되면 음악이 잠잠해질 거예요. 아버지와 언니들은 당신의 발을 볼 거고 저는 새 춤곡을 연주할 거예요. 그러면 당신이 나를 알아볼 수 있을 거예요."

다음 날 귀신은 청년을 불러 마흔 명의 딸을 보여 주며 말했다.

"만일 네가 이 처녀들 중에서 나의 막내딸을 가리키면 내 딸을 내주겠다. 만일 가리키지 못하면 너는 죽게 될 것이다!"

처녀들은 하나같이 같은 옷을 입고 손에는 쿠비즈를 들고 있었다. 귀신이 손짓을 하자 모두 쿠비즈를 연주하기 시작했다.

귀신이 물었다.

"이들 중 과연 누가 내 막내딸이지?"

그러나 청년은 대꾸하지 않고 춤을 추기 시작했다. 처녀들은 모두 넋을 잃고 그를 쳐다보며 연주를 멈췄다. 딱 한 쿠비즈만 새로운 춤곡을 연주하기 시작했다. 청년은 연주하는 처녀를 몰래 주시하며 계속 춤을 추었다. 그가 춤추는 것을 멈추자 귀신이 물었다.

---

11) 타타르인의 악기.

"내 막내딸이 어디에 있느냐?"

청년이 한 처녀에게 다가간 후 말했다.

"바로 이 처녀가 당신의 막내딸입니다!"

귀신은 화가 나서 소리를 질렀다.

"너 혼자서는 절대로 내 막내딸을 가려낼 수 없다! 내 딸이 가르쳐 준 것이 분명해! 내가 너희 둘에게 따끔한 맛을 보여 주겠다."

귀신은 청년과 막내딸을 감옥에 던지라고 명령했다. 밤에 처녀는 파리로 변해서 감옥에서 나왔다. 다시 사람으로 변한 처녀는 곡식 창고에 가서 곡식 두 단을 감옥으로 가져왔다. 그때 감옥의 파수꾼은 멀리 떨어져 있어서 처녀가 감옥으로 곡식 단을 가져오는 것을 보지 못했다. 그녀는 곡식 단을 바닥에 놓고 그것을 자신의 옷으로 가렸다. 그리고 그 위에 침을 뱉었다. 처녀가 말했다.

"자! 기다릴 시간이 없어요. 이제 달아날 때예요."

처녀가 자신과 청년을 파리로 변하게 한 다음에 둘은 암흑에서 벗어났다. 그들은 감옥에서 나오자마자 예전의 모습으로 돌아가서 달리기 시작했다.

아침 무렵 형리가 감옥으로 다가가서 포로들을 깨우기 시작했다.

"야! 너희들! 자는 거야? 안 자는 거야?"

곡식 단 위의 침들이 대답했다.

"아직 자고 있어요."

"너희 목이 곧 날아갈 거라는 것을 알고는 있니?"

"알고 있어요!"

대화는 곡식 단 위의 침들이 마를 때까지 계속되었다. 형리는 질문을 계속해서 던졌지만 대답이 더 이상 없었다.

"뭐야? 너희 그새 잠들었니? 그럼 내가 지금 깨우지 뭐!"

말을 마치자마자 형리는 감옥 안으로 들어가서 옷으로 덮인 곡식 단으로 다가갔다. 그가 곡식 단을 힘껏 내리치자 곡식 단이 천장으로 튀어 올랐다. 그제야 형리는 어떻게 된 일인지 사태를 알게 되었다. 귀신에게 달려가서 죄수들이 사라졌고 대신 감옥 안에 곡식 두 단이 있다고 이야기했다. 귀신은 청년과 딸이 달아난 것을 알자 노발대발했다. 바로 뒤를 쫓아서 그들을 잡아 오라고 명령했다.

한편 청년과 아름다운 처녀는 멀리 달아날 수 있었다. 처녀가 귀를 기울였다. 말발굽 소리가 들렸다.

"아버지의 기병들이 우리를 쫓아오고 있어요! 그들이 저 멀리 있는 것이 보여요!"

그 자리에서 그녀는 회교 사원으로 변하고 청년을 사원에서 기도 시간을 알리는 노인으로 변신시켰다. 귀신의 기병들이 다가와서 소리쳤다.

"어이! 혹시 젊은 청년과 아름다운 처녀를 보지 못했어요?"

"네. 아주 오랜 세월 이 사원에 늘 있었지만 한 번도 그런 청년과 아름다운 처녀는 본 적이 없소."

귀신의 기병들은 집으로 돌아가서 도망간 자들을 찾지 못했고 단지 사원과 노인만 보았다고 말했다. 귀신은 기병들에게 달려들어 혼내기 시작했다.

"그 사원과 노인이 바로 도망자들이다! 빨리 다시 거기로 가서 노인을 잡아 오고 사원을 부수어라!"

기병들은 다시 사원이 있던 그 자리로 갔으나 이미 사원도 노인도 없었다. 그들은 계속해서 앞으로 달렸다. 처녀는 말소리를 듣고 말했다.

"아버지의 기병들이 우리를 따라와요!"

처녀는 청년을 양치기로 변하게 하고 자신은 양 떼로 변했다. 기병들이 다가와서 소리치기 시작했다.

"어이! 양치기! 길을 가다 혹시 젊은 청년과 아름다운 처녀를 보지 못했어?"

"오래전부터 여기에서 양을 치고 있는데 청년과 아름다운 처녀를 보지도 만나지도 못했어요. 아마 여기를 지나가지 않았을걸요!"

귀신의 기병들은 역시 아무 소득도 없이 돌아왔다. 그들은 양치기와 양 떼 외에는 아무것도 보지 못했다고 말했다. 귀신은 더 화를 냈고 기병들을 더 혼냈다. 그런 다음 말에 올라타 직접 그들을 뒤쫓았다.

한편 청년과 아름다운 처녀는 예전의 모습으로 돌아가서 계속해서 달리기 시작했다. 귀신은 그들이 보이자 있는 힘을 다해 말을 달렸다. 거의 다 따라잡아서 거의 손에 붙잡힐 듯했다. 그때 처녀가 뒤를 돌아보았다. 처녀는 귀신을 보자 바로 자신은 바다로 변했고, 청년은 황금 물고기로 변신시켰다. 귀신은 바다 앞까지 말을 타고 달려와서는 소리치기 시작했다.

“이제 너희들은 나에게서 벗어나서 아무 데도 가지 못할 거다!”

귀신은 바닷속으로 들어가서 황금 물고기를 잡기 시작했다. 그러나 물고기는 잡지 못했고 물만 마시기 시작했다.

처녀와 청년은 다시 예전의 모습으로 돌아갔다. 두 사람은 귀신의 말을 타고 청년의 부모님에게 왔다. 두 사람은 청년의 집에 와서 결혼을 하고 평화롭고 행복하게 살았다.

이르티시[12]와 술레이만

우리의 할아버지와 그 할아버지의 할아버지도 기억하지 못하는 아주 먼 옛날이었다. 만일 그들이 지금 살아 있더라도 정령들과 타이가[13], 태양에 관해 아무것도 알지 못할 거다. 태양은 아무 말도 하지 않고 타이가는 믿을 수 없고 정령은 자신이 지니고 소중하게 지키는 오래된 것과 비밀스러운 것을 사람들과 나누어 가지지 않는다. 그들의 비밀을 알거나 가지려고 하는 사람에게는 재앙이 닥친다. 그러나 아주 오랜 옛날 이런 일이 실제로 있었다.

만일 이 일이 생기지 않았더라면 인간도 정령도 타이가도 태양도 없었을 거다. 아주 옛날에는 이르티시 강과 모래, 돌들만 있었다. 그리고 이르티시 강에 힘이 세고 현명한 술레이만이 살고 있었다. 외모는 엄청 무시무시했지만 그는 뜨겁고 고귀한 가슴을 가지고 있었다. 당시에는 인간도 동물도 없었기 때문에 아무도 그를 보지 않아도 됐고 그의 흉한 모습에 놀랄 필요도 없었다.

---

12) 시베리아의 강.

13) 북반구의 냉대 기후 지역에 나타나는 침엽수림.

술레이만은 누구에게 좋은 일을 할까 하고 골똘히 생각했다. 그러나 그는 누구에게도 착한 일을 할 수도 즐거움을 가져다줄 수도 없었다. 왜냐하면 거대한 이르티시 강과 단둘이 살았기 때문이다. 한번은 술레이만이 강에서 밖으로 나왔다. 모래와 돌들이 있었다. 그는 어둡고 칙칙하고 공허한 세상을 보았다. 그때 술레이만이 힘이 센 이르티시에게 물었다.

"이르티시 님! 이 세상을 밝게 해 주세요."

이르티시는 술레이만의 선량함을 좋아했기 때문에 그의 부탁을 들어주었다.

그때부터 이 세상에 태양이 빛나게 되었다. 주변이 밝고 아주 아름다워졌지만 아직 예전처럼 조용하고 외로웠다. 태양의 첫 번째 빛이 이르티시 강의 물결에 미끄러질 때 술레이만은 이르티시가 얼마나 투명하고 깨끗한지 보았다. 당시 이르티시는 아침 이슬처럼 투명했고 눈물처럼 깨끗했다. 그러나 바로 그때 선량한 술레이만의 눈에 물속에서 뭔가 무시무시한 괴물이 보였다.

"흉측한 너는 누구냐?"

그는 큰 소리로 외치며 돌을 물속으로 던졌다. 물이 튀는 소리가 나더니 물결이 잠잠해졌다. 그러자 술레이만 눈에 또 그 괴물이 보였다. 그리고 그는 그것이 바로 물에 비친 자신의 모습이라는 것을 알아차렸다. 그는 오랫동안 슬퍼했다. 그리고 강에게 부탁했다.

"오! 위대한 강이시여! 부탁이에요. 제발 나를 잘생기게 만들어 줄 정령들을 만들어 주세요."

이르티시가 대답했다.

"아니야! 술레이만! 정령을 만들 필요가 없어. 정령들에게서 좋은 일을 기대하지 마."

술레이만은 다시 슬픔에 빠졌다. 다시 이르티시에게 정령들을 만들어 달라고 간청했다. 이르티시는 오랫동안 수락하지 않다가 마침내 그의 부탁을 들어주었다. 땅에 정령들을 살게 했다.

술레이만이 정령들에게 부탁했다.

"정령님들! 정령님들! 저를 잘생기게 해 주세요."

정령들은 태양의 강렬한 빛 아래에서 살기를 원하지 않았다. 그들은 어둠을 좋아했기 때문에 술레이만에게 말했다.

"이르티시에게 부탁해서 하늘에서 빛이 사라지게 해 줘. 그러면 너를 잘생기고 보기 좋게 만들어 줄게."

그러나 술레이만은 부드러운 태양과 생명력을 주는 태양 빛이 좋았다.

"아니에요! 정령님! 이 세상이 태양으로 인해 항상 밝을 수 있다면 저는 예전처럼 흉측한 모습으로 사는 게 더 나아요."

그리고 술레이만은 이르티시에게 정령들을 위해 어두운 숲을 만들어 달라고 부탁했다. 그래서 이르티시는 타이가를 만들었다. 술레이만은 정령들을 그들이 좋아하는 암흑에서 살도록 어두운 타이가로 몰아냈다. 그러나 술레이만은 정령들과 살면서도 여전히 외로움을 느꼈다. 그와 정령들은 서로를 좋아하지 않았기 때문에 가끔 만났다. 그러자 술레이만은 다시 이르티시에게 갔다.

"오! 위대한 이르티시 님! 인간을 만들어 주세요. 인간들로 강가가 가득 채워지도록 해 주세요."

이르티시는 기쁘게 술레이만의 부탁을 들어주었다. 술레이만은 자신의 무시무시한 모습으로 인해 인간들을 놀라게 하지 않으려고 다시 이르티시 강 속으로 들어갔다. 그는 또한 행복하고 성가신 인간의 생활을 방해하고 싶지 않았다. 사람들은 명랑하고 선량했다. 그들은 아름다운 강에 왔다가 갑자기 강 밑바닥에 있는 무시무시하고 흉측한 술레이만을 보게 되었다.

"살려 주세요!"

사람들은 무서움에 떨며 서로서로에게 소리치기 시작했다.

"괴물이 우리를 죽일 거야. 여기서 달아나자! 어서! 어서!"

사람들은 그들을 자주 성가시게 했던 정령들이 있는 타이가로 갔다. 사람들은 더 이상 이 아름다운 이르티시 강에 나타나지 않았다. 술레이만은 우울해졌다. 그는 3년하고도 3일을 슬퍼했다. 그리고 어떻게 하면 사람들이 자신의 외모를 무서워하지 않을까 줄곧 생각했다. 마침내 좋은 생각이 떠올랐다. 그는 이르티시에게 갔다.

"마지막으로 부탁이 있습니다. 당신은 전지전능하십니다. 당신은 모든 것을 다 할 수 있습니다. 강물을 탁하게 만들어 주세요. 강물에 진흙과 점토를 섞어 아무도 내가 사는 강바닥을 볼 수 없게 해 주세요."

이르티시가 답했다.

"안 돼! 안 돼! 술레이만! 너는 물론 끔찍하고 무시무시하게 생겼지만 아주 착하고 고귀해. 그런데 인간들을 위해 내가 탁해져야만 한다고? 그럴 수 없어!"

술레이만이 강하게 주장했다.

"제발 당신의 물을 혼탁하게 만들어 주세요. 그러지 않으면 저와 사람들은 모두 불행해질 거예요."

이르티시는 화가 났다.

"딴 데 가서 알아봐! 너는 내가 더 이상 투명하고 아름다운 강이 되지 말라고 하지만 그렇게 할 수 없어!"

이르티시는 화를 내고 술레이만에게 불평을 했지만 자의건 타의건 자신의 물에 진흙과 모래, 점토를 섞어 버렸다. 그리고 이르티시 강은 영원히 누렇고 탁해졌다.

술레이만은 더 이상 사람들의 눈에 띄지 않게 되었다. 사람들은 다시 이르티시 강가로 돌아와서 정착했다. 그리고 세상에서 가장 민감하고 강하고 아주 훌륭한 생명체가 되었다. 사람들은 강을 아주 소중하게 대했다. 그래서 이르티시는 만족했고 대담한 부탁을 한 술레이만을 용서하고 그를 다시 예전처럼 좋아하게 되었다.

착한 술레이만은 지금도 착하고 탁한 이르티시 강 밑바닥에 살고 있다. 이렇게 해서 오늘날 인간들이 이 땅에 살고 타이가가 일렁이고 태양이 빛나게 된 것이다.

아흐메트와 칸

한 나라에 사악한 칸이 살고 있었다. 어느 날 칸은 늙은 남자들과 여자들을 모두 죽이라고 명령을 내렸다. 그래서 자녀들이 자신의 부모를 죽이기 시작했다. 칸이 사는 도시에 청년 아흐메트가 아버지와 함께 살고 있었다. 그의 아버지는 늙었다.

아버지가 아흐메트에게 말했다.

"아들아! 어쩌겠니. 작별을 해야겠구나. 죽을 때가 왔구나. 아들아! 부디 행복하여라."

그러나 아흐메트는 그토록 사랑하고 존경하는 아버지를 죽일 수 없었다. 그래서 아버지를 풀밭에 있는 초막에 숨기기로 결심했다. 이웃들에게는 칸의 명령대로 아버지를 죽였다고 말했다. 흰 천으로 감싼 그루터기를 아버지 대신 땅에 묻었다. 그렇게 그들은 살아갔다. 아흐메트는 몰래 음식을 아버지에게 갖다주었다. 하루는 아흐메트가 슬픈 얼굴을 하고 아버지에게 아무 말도 하지 않았다.

"아들아! 무슨 일이 있니? 무슨 생각을 그리 골똘히 하니?"

"아버지! 칸의 궁전 근처에 호수가 하나 있는 것을 기억

하시죠? 그 호수 밑바닥에 뭔가 둥글고 하얀 것이 놓여 있어 칸이 신하들에게 그 물건을 가져오라고 명령했어요. 신하들이 물속에 들어가서 밑바닥까지 갔는데 아무것도 발견하지 못했어요. 그러자 칸이 그 물건을 가져오는 자에게 상을 내리겠다고 말했어요. 칸은 왕국의 절반과 딸을 주겠다고 약속했어요. 그러나 만일 물건을 가져오지 않으면 목을 내놓아야 해요. 제가 멍청하게도 그 행운을 얻어 보려고 결심했어요. 내일 제가 호수로 뛰어들 차례예요. 아! 제 목을 내놓아야 해요."

아버지가 아들에게 말했다.

"아들아! 슬퍼하지 마라. 호수에 들어가지 마라. 호수 위에 큰 자작나무가 한 그루 서 있단다. 자작나무 위에 새집이 있고 새집 안에 하얀 알이 있어. 낮이 되면 빛을 받아서 알이 물에 비치는 거야."

다음 날 아흐메트는 호수로 갔다. 그는 호수에 들어가지 않고 나무로 올라가서 알을 꺼내 칸에게 갖다주었다.

칸이 물었다.

"호수에 있는 것이 바로 이것이냐?"

"호수에는 아무것도 없습니다. 이 알이 물에 비친 것입니다."

칸은 호수를 보았다. 거기에는 정말 아무것도 빛나고 있지 않았다. 칸은 왕국의 절반과 딸을 그에게 내주어야만 했다. 칸은 아까운 마음이 들었다.

"그래. 좋다. 네가 얼마나 영리한지 보자. 자, 여기 지팡이 두 자루가 있다. 어떤 지팡이가 나무껍질로 만든 것이고 어떤 지팡이가 뿌리로 만든 것인지 내일까지 맞혀라. 만일 맞히면 왕국의 절반과 내 딸을 얻게 될 것이고, 만일 맞히지 못하면 네 목을 자를 것이다."

아흐메트는 더 슬픈 얼굴을 하고 아버지에게 왔다.

"아들아! 무슨 생각을 하니? 나무에서 알을 가져가지 않은 거니?"

"가져갔어요. 알려 주셔서 감사해요. 그런데 칸이 저에게 새로운 문제를 풀라고 내주었어요."

아흐메트는 두 자루의 지팡이에 대해 아버지에게 말했다.

"아들아! 슬퍼하지 마. 두 지팡이를 모두 물에 던져. 호수 위에 둥둥 뜨는 지팡이가 나무껍질로 만든 것이고, 밑으로 가라앉는 것이 뿌리를 잘라 만든 것이야."

아흐메트는 아버지가 시킨 대로 했다.

그는 칸에게 말했다.

"바로 이것이 나무껍질로 만든 것이고, 이것이 뿌리로 만든 것입니다."

칸은 목수를 불러 맞는지를 물었다. 목수는 아흐메트의 답변이 옳다는 것을 확인해 주었다. 그런데 칸은 또 자신의 약속을 지키고 싶지 않아졌다. 그는 아흐메트에게 세 번째 문제를 냈다.

"내일 너는 두 말 중에서 겉모습으로 누가 나이가 들었고, 누가 젊은지를 말해야 할 것이다."

아흐메트는 아버지에게 갔다. 그는 고개를 들지도 못했다. 아버지에게 칸이 낸 문제에 대해 이야기했다. 그러자 아버지가 말했다.

"아들아! 슬퍼하지 말거라. 문제는 풀리게 마련이다. 젊은 말은 항상 위로 머리를 들고 걷는 데 반해 늙은 말은 아래로 머리를 숙이고 걷는단다."

다음 날 마구간에서 말 두 마리가 끌려 나왔다. 칸은 어느 말이 젊고 어느 말이 늙었는지 맞혀 보라고 아흐메트에게 말했다. 아흐메트는 말들을 보았다. 둘 다 완전히 똑같았다. 키도 같았고 털 색깔도 같았다.

"말들을 저에게 좀 더 가까이 데려오세요."

말들을 가까이 데려갔다. 그때 아흐메트는 한 마리는 머리를 꼿꼿이 들고 걷고 다른 한 마리는 머리를 숙이고 걷는 것을 보았다. 아흐메트는 어느 말이 젊고 어느 말이 늙었는지 가리켰다. 마침내 칸이 말했다.

"좋다. 왕국의 절반과 내 딸을 주겠다. 그런데 이 모든 것을 어떻게 알았는지 말해 주겠니? 너는 아직 이렇게 젊은데 누가 너에게 정답을 말해 주었니?"

아흐메트가 칸에게 말했다.

"왕국과 따님에 대해서는 감사합니다. 만일 제가 정답을 맞힐 수 있게 도와준 분의 목숨을 살려 주신다면 저는 아무것도 가지지 않겠습니다."

칸은 자신의 재산을 아무에게도 줄 필요도 없고 자신의 딸을 하잘것없는 평민에게 내줄 필요가 없어 아주 기뻤다. 그는 아흐메트의 부탁을 들어주겠다고 약속했다.

"누군지 말해라."

"제 아버지입니다. 용서하십시오. 칸의 명령에 따라 아버지를 죽이지 않고 초막에 숨겼습니다. 바로 제 아버지가 문제를 풀도록 도와주셨습니다."

칸은 잠시 생각한 후 신하들에게 명령했다.

"초막으로 가서 그의 아버지를 데려오너라."

신하들은 아흐메트의 아버지를 칸에게 데려왔다. 칸이 아흐메트의 아버지에게 물었다.

"너는 어떻게 그렇게 현명한가?"

"우리 백성들 사이에서는 나라의 두뇌는 노인들이 지니고 있다는 말이 있습니다."

칸은 노인들을 죽이라는 명을 거두어들였다. 칸은 노인들 없이 젊은 사람들만 사는 것이 좋지 않다는 것을 알게 되었다. 그렇게 아흐메트는 자신의 아버지의 목숨뿐 아니라 나라 안 모든 노인들의 목숨을 구했다.

카미르 바티르

옛날 옛적에 할아버지와 할머니가 살았다. 그들에게는 아들이 없었고 평생을 가난하게 살았다. 그들은 아들을 보내 달라고 빌었다. 하루는 그들에게 흰 수염이 난 노인이 와서 말했다.

"아들을 원하면 반죽으로 아들 모양을 만들어서 난로에 넣으시오."

할아버지와 할머니는 기뻐하며 노인이 말한 대로 했다.

다음 날 아침에 일어나 보니 난로에 진짜 남자아이가 앉아 있었다. 노인들은 아주 기뻤다. 아들을 먹이고 키우고 보살폈다. 그에게 '반죽'이란 뜻의 카미르 바티르[14]란 이름을 붙여 주었다.

카미르는 빨리 자라서 곧 소년이 되었다. 그가 밖에 나가 다른 아이들과 놀려고 하면 아이들의 부모들은 카미르가 자신의 아이들의 손을 아프게 잡는다고 불평했다. 카미르는 그 정도로 힘이 셌다. 하루는 아버지가 카미르를 불러 말했다.

---

14) 바티르는 '용사'를 뜻함.

"카미르야! 너는 다 자랐으니 세상을 돌아다니며 행복을 찾도록 해라."

카미르는 아버지의 말을 따라 행복을 찾으러 떠났다. 한참 동안 많이 다녔지만 행복을 찾지는 못했다. 카미르는 어느 날 길을 걷다가 한 남자를 만났다. 남자는 힘이 세고 용감했다.

카미르가 물었다.

"이름이 무엇이오?"

"강철 용사 테미르 바티르요. 힘을 겨뤄 봅시다."

그들은 싸우기 시작했다. 카미르가 이겼다.

카미르가 테미르에게 말했다.

"우리 친하게 지냅시다. 나와 함께 갑시다."

그들은 함께 출발했다. 걷고 또 걸었다. 또 한 용사를 만났다. 그의 이름은 청동 용사 바키르 바티르였다. 그들은 친구가 되었고 셋이 함께 행복을 찾아 출발했다. 그들은 가다가 아주 아름다운 숲을 만났다. 그들은 그 숲에서 살기로 결정했다. 집을 짓고 거기에 정착했다. 두 사람은 사냥을 나가고 한 사람은 집안일을 했다.

하루는 테미르가 집에 남았다. 그는 불을 때고 고기를 큰 솥에 넣고 끓기를 기다렸다. 누군가 문을 두드렸다. 테미르가 문을 열자 하얗고 긴 수염을 한 작은 노인이 서 있었다.

그는 사악한 마법사였다. 그 역시 그 숲에 살고 있었다.

테미르가 노인에게 들어오라고 했다.

"들어오세요. 잠시 머물다 가세요."

노인은 약한 척 몸을 기대며 부탁했다.

"나를 부축해서 문지방을 넘게 해 줘."

테미르는 그를 부축해서 방 안으로 데리고 와서 식탁에 앉히고 슈르파[15]를 따라 주었다. 노인은 슈르파를 다 먹고 나서 또 달라고 부탁했다.

"국을 더 줘."

노인은 테미르를 사악하게 바라보며 요구했다.

"국을 이리 다 가져와!"

테미르는 노인을 집에서 쫓아내려고 했으나 노인은 자리에서 꼼짝도 하지 않았다. 노인은 날카롭게 웃고 나서 테미르를 사악하게 바라보았다. 테미르는 놀라서 슈르파를 따라 주었다. 그러나 노인은 그것으로 부족했다. 슈르파를 또 달라고 요구했다. 그렇게 노인은 슈르파 한 솥을 다 먹고 사라졌다. 테미르는 친구들이 돌아올 때에 맞추어 빠르게 또 슈르파를 끓였고 노인에 대해서 친구들에게 아무 말도 하지 않았다.

---

15) 양고기와 쌀을 넣고 끓인 국.

카미르가 말했다.

"국에 고기가 없네."

테미르가 대답했다.

"다 풀어졌어."

다음 날 바키르가 집안일을 하려고 남았다. 그 노인이 또 와서 문지방을 넘게 해 달라고 하고 슈르파를 한 솥 다 먹고 나서 사라졌다. 바키르는 다시 슈르파를 끓였고 친구들에게 아무 말도 하지 않았다. 카미르는 또 슈르파 안에 고기가 적다고 불평했다. 다음 날은 카미르가 집에 남게 되었다. 카미르는 불을 지피고 솥에 슈르파를 끓였다. 문 두드리는 소리가 나서 문을 여니 희고 긴 수염을 한 작은 노인이 서 있었다.

"문지방 너머로 나를 옮겨 줘!"

사악한 마법사가 큰 소리로 요구했다. 카미르는 노인을 주의 깊게 바라보다가 말했다.

"왜 그렇게 큰소리를 치세요. 원하면 스스로 문지방을 넘으세요."

노인은 집 안에 들어와서 식탁에 앉았다. 카미르는 노인에게 슈르파 한 그릇을 따라 주었다. 노인이 요구했다.

"솥에 있는 국을 다 줘. 나는 너무 배가 고파."

"아이고! 대식가시네요!"

카미르는 노인의 어깨를 잡고 밀치고 싶었지만 잠시 생각한 후 그의 수염을 잡고 집에서 끌어냈다. 그리고 노인의 수염을 나무에 묶었다. 친구들이 사냥에서 돌아오자 카미르가 물었다.

"이틀 동안 우리 슈르파를 다 먹은 자가 있지?"

친구들은 그제야 창피해하며 마법사에 대해 이야기했다.

"너희는 노인의 어깨가 아니라 수염을 잡았어야 했어. 그의 힘은 수염에서 나오거든. 노인을 보러 가자."

그들은 집에서 나와 나무로 갔으나 노인은 온데간데없고 수염만 남아 있었다. 노인은 턱에서 수염을 끊어 버리고 달아났다. 카미르가 말했다.

"그는 이제 힘이 없어. 그의 뒤를 쫓아가자."

노인의 발자국은 굴 앞에서 끊겨 있었다. 그들은 굴을 파고 들어갔다. 그러자 문이 두 개 나왔다. 첫 번째 문을 열자 금은보화가 가득했다. 두 번째 문을 열자 거기에는 아름다운 여자 세 명이 있었다. 그들이 물었다.

"당신들은 누구세요?"

"사악한 마법사가 우리를 부모님 몰래 데려와서 이 어두운 곳에 가둬 놓았어요."

그들은 여자들을 풀어 주고 금은보화를 가지고 여자들

의 부모님에게 청혼을 하러 갔다. 얼마 후 용사들은 결혼을 해 행복하게 부자로 살았다. 그 사악한 노인은 다시는 나타나지 않았다.

얍 마미시

한 용사가 살고 있었다. 그의 이름은 얍 마미시였다. 그는 아주 부자였으나 걱정이 매우 많았고 참견쟁이였다. 민중 사이에서 전해 오는 말에 이런 것이 있다. '매사에 주제넘게 참견하는 사람은 재앙을 만난다.' 바로 얍 마미시에게 해당하는 말이다. 얍 마미시는 자주 이웃의 영토에 가서 싸움을 벌이곤 했다. 그는 용감하고 힘이 세서 승리를 많이 하곤 했다. 한번은 전투에서 적들이 얍 마미시를 나뭇가지와 풀로 덮인 구멍으로 유인했다. 그는 구멍에 빠져 오랫동안 갇히게 되었다. 그에게는 돔브라[16]가 있었다. 그는 줄곧 돔부라를 연주하고 노래를 불렀다. 누구든 그 소리를 듣고 그를 꺼내 줄 거라 생각했다. 그의 생각이 맞았다. 그의 노랫소리를 듣고 거위가 구멍으로 다가왔다.

"거기서 뭐 하세요?"

"구멍에서 나갈 수가 없어. 도와줘."

"도와줄 방법이 없어요. 당신을 끌어낼 수 없어요. 대신 당신 식구들에게 당신 소식을 전할 수는 있어요."

---

16) 타타르의 민속 악기.

용사는 칼로 손가락을 잘라서 그 피로 자작나무 조각에 편지를 써서 그것을 식구들에게 전해 달라고 부탁했다. 그의 아버지는 훌륭한 사냥꾼이었다.

용사의 아버지는 호수에 갔다. 거위 한 마리가 아버지에게 헤엄쳐 왔다. 아버지는 거위를 잡아서 집으로 가져왔다.

"여보! 보시오. 아주 신기한 거위를 가져왔어요. 거위 스스로 내 손안으로 들어왔소. 내가 잡아 왔소."

용사의 어머니가 말했다.

"뭔가 범상치 않군요."

그들은 주의 깊게 거위를 둘러보다가 아들의 편지를 발견했다. 그들은 편지를 읽고 나서 울음을 터뜨렸다. 그들은 얄 마미시의 아내에게 그 사실을 말했다. 그들은 아들을 어떻게 구할지 오랫동안 생각했다. 마침내 아들의 친구를 보내기로 결정했다. 아들 친구에게 빵과 과자를 만들어 주고는 가서 아들을 구해 오라고 말했다. 그러나 그 친구는 사실 진정한 친구가 아니었다. 그저 욕심이 많은 인간일 뿐이었다. 그는 길을 가다가 생각했다.

'친구는 친구고 일단 먹어야 해.'

친구는 자리를 잡고 배불리 먹고 늘어지게 잠을 잤다. 잠에서 깬 후 그는 얄 마미시를 구하지 않고 그의 재산을 차지하는 게 나을 거라고 생각했다. 그는 구멍에 도착했다. 큰

돌을 찾아 구멍을 막아 버렸다. 집에 돌아와서 얄 마미시의 부모님에게 얄 마미시는 이미 죽었고 적의 땅에 묻혀 있다고 말했다. 부모님은 울음을 터트렸다. 그러나 주변에 적들이 있기 때문에 아들의 무덤에 갈 수도 없었다.

얼마의 시간이 흘렀다. 친구는 얄 마미시의 아내에게 중매쟁이를 보냈다. 그러자 얄 마미시의 아내는 조건을 내걸었다.

"내 남편 얄 마미시의 활이 있는데 그 활의 줄을 팔꿈치까지 당기는 사람이 내 남편이 될 것이다."

얄 마미시의 아내는 시합을 모두에게 공표했다. 아내는 얄 마미시의 여동생에게 말했다.

"나는 오빠가 죽었다는 말이 도저히 믿기지가 않아요. 오빠 친구의 말을 타고 가서 그 말이 사실인지 알아보세요."

여동생은 말 두 필에 안장을 깔고 얄 마미시를 찾아 떠났다. 그렇게 오래 찾아다닐 필요도 없었다. 여동생은 어느 돌 밑에서 돔브라 소리가 흘러나오는 것을 듣게 되었다. 돌에 줄을 묶고 다른 쪽 줄 끝을 말에 묶었다. 그녀가 말을 몰고 가자 돌이 옆으로 굴렀다. 그녀는 구멍을 들여다보았다. 오빠가 있었다. 말의 도움을 받아 줄로 오빠를 구멍에서 꺼냈다. 여동생은 그동안 있었던 일을 모두 오빠에게 이야기했다. 두 사람은 말을 타고 여동생의 집으로 갔다. 여동생은 집에서 오빠에게 음식을 만들어 주었다. 오빠는 너무 야위고 수염이 덥수룩하게 자라 있어서 아무도 알아볼 수 없었다. 그는 더 누추하게 옷을 입고 눈까지 모자를 눌러쓰고 시합장에 갔다. 시합장에는 이미 몇 사람이 와서 활을 당기려고 시도했으나 활줄을 팔꿈치까지 당기지 못했다. 얄 마미시의 친구가 활로 다가갔다. 그는 줄을 당기고 또 당겼다. 절반까지 당겼지만 더 이상은 당길 수가 없었다.

그때 얄 마미시가 다가가서 아내에게 허리를 굽혔다.

"제가 한번 해 보겠습니다."

얄 마미시의 딸이 그를 알아보고 엄마에게 소곤댔다.

"아빠예요."

아내는 기쁨으로 떨리는 목소리로 말했다.

"해 보세요!"

얄 마미시는 바로 활줄을 팔꿈치까지 당겼다.

"아빠예요!"

얄 마미시의 딸이 낭랑한 목소리로 외쳤다. 얄 마미시의 친구는 얄 마미시 딸의 외침 소리를 듣고 뒤돌아 달아나기 시작했다. 얄 마미시가 화살을 쏘았다. 그런데 친구는 죽지 않고 학으로 변했다. 얄 마미시는 아내에게 다가가 허리를 깊이 숙이고 그녀의 진실함에 경의를 표했다. 그 이후 얄 마미시는 이웃 사람들과 싸우는 것을 멈추었고 적으로부터 자신의 땅을 지켜야 할 때만 무기를 들었다.

카라밈 바티르

카라밈 바티르는 자신의 말을 타고 가고 있었다. 그는 적장이 살고 있는 곳으로 가고 있었다. 3일 낮과 밤을 갔다. 전혀 잠을 자지 않았다. 마을에 거의 다다르자 그는 매우 피곤함을 느꼈다. 잠시 쉬기로 결심하고 말의 재갈을 잡아 자신의 손에 묶고 잠이 들었다. 그는 3일 낮과 밤을 잤다.

적장은 카라밈이 잠들어 있는 곳을 알아냈다. 카라밈을 깨우려고 했으나 깨어나지 않았다. 그러자 적장은 그를 깊은 우물에 빠뜨리기로 결심했다. 그는 아주 오래전에 버려져 말라 버린 우물에 용사 카라밈을 던져 버렸다. 그리고 카라밈의 말을 데려가 마구간에 가두었다. 카라밈은 잠에서 깨어나 주위를 살폈다. 그러나 자신이 도대체 어디에 있는 건지 알 수 없었다. 한참 후 그는 자신이 우물 속에 있다는 것을 알아차렸고 어떻게 빠져나올 수 있을까 생각하기 시작했다. 그때 갑자기 무슨 소리가 들렸다. 그는 노래를 부르기 시작했다. 마침 우물 옆을 지나던 한 처녀가 그의 노랫소리를 듣고 다가와서 물었다.

"거기 있는 게 사람이오? 아니면 귀신이오?"

"사람이에요. 내 이름은 카라밈이오. 나는 바라바에서

왔소. 아가씨! 내가 이 우물에서 나갈 수 있게 도와주시오."

"어떻게 당신을 도우면 되죠? 저 혼자서는 당신을 꺼낼 수 없어요."

"내 옷과 끈을 받으시오."

카라밈은 비단으로 된 할라트[17]를 입고 있었다. 그는 처녀에게 할라트와 허리에 묶고 있던 끈을 던졌다.

"내 말을 찾으시오. 내 옷 냄새를 맡게 하면 말이 당신 뒤를 따라올 거요. 말을 이리 데려오시오."

"알았어요. 그렇게 할게요. 당신의 말이 어디에 있는지 알아요."

처녀는 날이 어두워지기를 기다렸다. 밤에 처녀는 적장의 마구간에 가서 말에게 카라밈의 옷 냄새를 맡게 했다. 말은 바로 주인의 냄새를 알아차리고 문을 부수고 나왔다. 처녀는 말에 올라타 우물로 달렸다.

처녀가 카라밈에게 말했다.

"당신의 말을 데려왔어요."

"끈의 한쪽을 안장에 묶고 다른 쪽은 내게 던지시오. 말이 나를 꺼낼 거요."

처녀는 카라밈이 시킨 대로 했다. 카라밈은 끈을 허리에

17) 발뒤꿈치까지 내려오는 폭이 넓은 두루마기 형태의 옷.

묶고 소리쳤다.

"고삐를 잡고 앞으로 가시오."

처녀는 말의 고삐를 잡고 말을 끌고 앞으로 갔다. 그렇게 처녀와 말은 용사 카라밈을 우물에서 꺼냈다. 카라밈이 처녀를 보니 아주 미인이었다.

"나와 함께 갑시다. 내 집의 안주인이 되어 주시오."

처녀 역시 카라밈이 마음에 들었다. 그들은 말을 함께 타고 적이 사는 곳에 도착했다. 거기 말 떼가 있었다. 카라밈은 가장 훌륭한 말을 골라 올가미로 잡았다. 재갈을 물리고 그 말에 처녀를 앉혔다. 그런 다음 우리를 열어 말 떼를 자신의 집으로 몰고 갔다. 다음 날 아침 적장이 마구간에 와서 보니 말들이 없었다. 적장은 하인에게 물었다.

"누가 말들을 몰고 갔느냐?"

아무도 누가 말을 몰고 갔는지 보지 못했다. 모두 잠들어 있었다. 그러자 적장은 우물로 달려갔다. 우물 안을 살피니 카라밈이 없었다. 그때서야 그는 카라밈이 말들을 몰고 갔다는 것을 알아차렸다.

"카라밈! 두고 봐라! 네가 잠들었을 때 죽이지 않은 것이 후회막급이구나. 이제 더 이상 후회할 짓은 하지 않을 거다."

그는 신하들을 모아 무장을 시켜 함께 도망자들을 추격

했다. 다음 날 그는 용사 카라밈을 거의 따라잡게 되었다. 카라밈이 처녀에게 말했다.

"태양이 떠오르는 곳으로 계속 가시오. 그러면 내 집에 도착할 거요."

카라밈은 그렇게 말한 후 말을 뒤로 돌려 적과 마주했다. 그는 혼자서 군대 전체와 맞서게 되었다. 카라밈은 오랫동안 전투를 벌여야만 했다. 그러나 카라밈은 초원에서 가장 강한 용사였기 때문에 결국 승리를 거두었다. 군사들 중 일부는 죽였고 일부는 도망가게 내버려 두었다. 자신을 구멍에 가두었던 용사를 포로로 잡았다.

"내가 너를 어떻게 처리하면 좋겠나? 죽일까? 아니면 내 신하로 삼을까?"

"제발 죽이지 말아 다오. 너의 신하가 되겠다."

"좋다. 비록 너는 나를 죽이려고 했고 내 말을 훔쳤지만 너를 살려 주겠다."

카라밈 바티르는 자신을 가두었던 적장을 묶어서 자신의 집으로 향했다. 그는 처녀와 말 떼를 따라잡아 함께 자신의 집으로 갔다. 그리고 그들은 결혼식을 올렸다. 싸움에서 패배한 적장은 카라밈의 목동이 되었다. 공연히 이런 말이 있는 것이 아니다.

'항상 남의 것을 탐하는 사람은 모든 것을 잃을 수 있다.'

여우와 늑대

어느 날 여우가 마을을 따라 흐르는 강 옆을 걸어가고 있었다. 막 해가 떨어진 후라 겨울의 어둠이 아주 깊게 깔려 있었다. 여우는 아주 배가 고팠고 어떻게든 살려는 생각에 마을로 갔다. 닭장으로 가서 어렵지 않게 저녁을 해결할 생각이었다. 그런 생각을 하며 여우는 시냇가를 따라 걷다가 갑자기 크지 않은 웅덩이를 보게 되었다. 웅덩이에서 강가의 버드나무 수풀로 가느다란 끈이 늘어져 있었다. 여우는 이빨로 끈을 천천히 당기기 시작했다. 그러자 물고기 떼가 서서히 쏟아졌다. 여우는 재빨리 어망을 찢어 물고기들을 하나하나 차례로 식탁으로 가져갔다. 여우는 아주 수북이 저녁을 차려 놓았다. 기지와 영리함으로 물고기를 얻게 되어 좀 더 편하게 자리를 잡고 입맛을 다시며 물고기를 먹기 시작했다.

그때 멀리서 굶주린 늑대가 어슬렁거리는 것이 보였다. 늑대는 허기를 채워 줄 것을 찾고 있었다. 그런데 갑자기 가느다란 한 줄기 바람에 실려 물고기 냄새가 코로 들어왔다. 늑대는 갑자기 정신이 번쩍 들어 냄새 나는 곳으로 달려갔다. 황제의 만찬을 앞에 두고 앉아 있는 여우를 보고 늑대가 달콤하게 말했다.

"안녕, 친구? 어떻게 지내?"

"냠냠. 별일 없어. 잘 지내."

"너 거기서 뭔가 맛있는 거 먹는 것 같다. 냄새가 온 천지에 진동을 하는구나."

늑대는 입안 가득 고인 침을 꿀꺽 삼키며 입술을 탐욕스럽게 핥았다.

"나? 물고기 발레시[18]와 훈제 물고기를 먹어."

여우가 교활하게 말했다.

교활한 여우가 횡재를 했다는 생각이 들자 늑대의 눈은 사악한 불길로 이글거렸다. 그는 물고기를 먹어 배가 빵빵해진 여우를 통째 삼키고 싶어졌다. 그것을 눈치챈 여우는 교활하게 재빨리 늑대를 속이기 시작했다.

"너는 내 형제와 같아. 이런 먹잇감을 얻으려고 내가 얼마나 힘들게 고통을 감내했는지를 네가 알았으면 좋겠어. 그러나 나는 항상 마지막 한 조각까지도 너와 함께 나누어 먹을 준비가 되어 있어."

그렇게 말한 후 여우는 물고기 뼈와 꼬리를 아래로 던지기 시작했다. 늑대는 씹지도 않고 한 번에 그것들을 다 삼켜

---

18) 고기를 넣은 만두의 일종.

버렸다. 늑대는 탐욕으로 인해 머리가 무디어지기 시작했다. 여우가 말했다.

"네가 원한다면 물고기 잡는 법을 가르쳐 줄 수 있어."

늑대가 애원했다.

"여우야! 넌 어쩜 그렇게 착하니. 가르쳐 줘. 배고파 죽을 지경이야."

여우는 교활하게 미소를 지었다. 교활하게 실눈을 뜬 채 말을 늘어놓기 시작했다.

"잘 듣고 정확하게 외워. 시냇가에 웅덩이가 하나 있어. 거기 물고기가 엄청 많아. 꼬리를 물에 담그면 물고기들이 엄청 달려들어 들러붙을 거야. 조용히 앉아서 움직이지 말고 있어. 그러지 않으면 물고기들이 놀라 달아날 거야. 오래 앉아 있으면 있을수록 더 많은 물고기를 건져 올릴 수 있을 거야."

늑대는 웅덩이로 달려갔다. 꼬리를 완전히 물에 넣고 숨을 죽이고 앉아 있었다. 그는 움직이지 않으려 애쓰며 계속해서 앉아 있었다. 시간이 많이 지났다. 늑대는 마침내 자신의 꼬리를 빼내려고 했다. 그러나 꼬리가 빠지지 않았다. 늑대는 생각했다.

'내가 너무 오래 앉아 있어서 물고기가 너무 달라붙었나 보다.'

그런데 늑대의 꼬리는 얼어붙어 있었다.

아침에 여자들이 물을 길으러 왔다. 늑대를 보고는 깜짝 놀라 집에 가서 남편들에게 늑대가 있다고 말했다. 어망을 설치했던 남자가 동네 남자들과 함께 달려왔다. 남자는 쇠지렛대로 얼음을 깨고 늑대를 꺼냈다. 늑대는 그것으로 끝이었다. 남자는 늑대의 가죽을 벗겨서 시장에 내다 팔았다. 여우는 그 모든 것을 건초 더미 위에서 지켜보고 배꼽을 잡고 웃었다. 지금까지도 사람들은 여우가 멍청한 늑대를 조롱하고 다닌다고 말하곤 한다.

탄 바티르

아주 오랜 옛날 한 왕이 살았다. 그에게는 아주 예쁜 세 딸이 있었다. 하루는 딸들이 산책을 하러 풀밭으로 나갔다. 풀밭을 따라 거니는데 갑자기 강한 폭풍우가 일더니 세 딸들이 감쪽같이 바람에 날려가 버렸다. 왕은 딸들이 폭풍우에 사라졌다는 말을 듣고 깊은 절망에 빠졌다. 그는 사라진 딸들을 찾아오라고 명령했다. 낮에도 밤에도 공주들을 찾기 위해 온 산과 강을 뒤졌지만 어디에도 공주들은 없었다.

왕이 통치하는 마을의 변두리에 있는 오두막집에 부부가 살고 있었다. 부부는 무척 가난했다. 그들에게는 아들이 셋이 있었다. 맏아들의 이름은 키치 바티르였고 둘째아들은 텐 바티르였고 막내아들은 탄 바티르였다. 그들의 이름은 각각 '저녁', '밤', '노을'을 뜻했다. 세 아들은 하루가 다르게 자라는 것이 아니라 한 시간이 다르게 자랐다. 세 아들은 순식간에 건강하고 다부지게 성장했다.

그렇게 성장한 세 청년은 힘을 겨루러 거리로 나갔다. 젊은이들 중에 그들보다 더 힘이 센 사람은 아무도 없었다. 아무도 그들을 당하지 못했고 그들과 싸움을 했던 사람들은 모두 심하게 부상을 입었다. 세 청년이 넘쳐나는 힘을 어디에 써야 할지 몰라 하는 모습을 지켜본 한 노인이 권했다.

"너희가 그렇게 주먹을 휘두르고 사람들을 공연히 다치게 하느니 흔적 없이 사라진 왕의 딸들을 찾아보는 것이 어떠니? 공주들을 찾기만 하면 너희들은 영웅으로 인정받을 텐데!"

청년들은 그 말을 듣고 난 후 집에 와서 부모님에게 간청했다.

"아버지! 왕의 딸들이 어디론가 사라졌대요. 우리가 딸들을 찾아 왕에게 데려가면 어떨까요?"

부모는 아들들을 떠나보내고 싶지 않아 허락하지 않았다.

"아들들아! 너희는 우리의 유일한 희망이다. 너희가 집을 떠나면 누가 늙은 우리들을 돌본단 말이니?"

"아버지! 우리가 왕의 딸들을 찾는 동안 왕이 아버지와 어머니를 돌봐 줄 거예요."

부모님은 울었다.

"아니다. 왕에게서는 어떤 도움도 기대하지 않는 게 좋을 거야."

아들들은 오랫동안 부모님에게 간청을 해서 마침내 허락을 얻어 냈다. 그리고 그들은 왕을 찾아 갔다.

"저희가 공주님들을 찾으러 가기로 결심했습니다. 그러

나 길을 떠날 때 필요한 식량이 아무것도 없습니다. 부모님도 아주 가난하시구요."

왕은 그들에게 약간의 식량과 마실 것을 주었다.

세 청년은 부모님과 작별 인사를 하고 길을 떠났다. 그들은 걷고 또 걸었다. 한 주가 지났고 한 달이 지났다. 마침내 그들은 어떤 숲에 도착했다. 숲을 따라 더 걸어가면 갈수록 그들이 걷던 길은 더 좁아졌다. 결국 그들 앞에 아주 좁은 오솔길이 나타났다. 오솔길을 따라 걸어 나오자 부근에 아름다운 호수가 있었다. 비상식량은 이미 바닥이 나서 먹을 것이 아무것도 없었다. 탄 바티르는 길 떠날 때 필요할 거라고 어머니가 챙겨 준 바늘을 가져왔다. 그는 모닥불을 피워 불에 바늘을 달군 후 구부려서 낚싯바늘을 만들었다. 아주 훌륭한 낚싯바늘이 되었다. 그는 호수로 가서 물고기를 잡기 시작했다. 저녁까지 아주 많은 물고기를 잡아서 모닥불에 구웠다. 형제들은 아주 배불리 먹었다. 이제 배가 부르니 살 것 같았다. 탄 바티르가 형들에게 말했다.

"우리가 길을 떠난 이후로 많은 시간이 흘렀는데 우리가 어디에 있는지조차 모르고 아직 아무 별다른 것도 보지 못했어."

형들은 동생의 말에 아무런 답변을 하지 못했다. 그러자 탄 바티르는 아주 큰 나무 꼭대기로 올라가서 주변을 둘러

보기 시작했다. 그가 꼭대기에 올라가자마자 아주 무시무시한 폭풍우가 일기 시작했다. 굵은 나무도 마치 갈대처럼 나자빠져 뒹굴었다. 탄 바티르는 그 광경을 보며 생각했다.

'아마도 왕의 딸들을 날아가게 한 게 바로 저 폭풍우일지도 몰라.'

얼마 후 폭풍우는 아주 거대한 말뚝처럼 한 장소에 모여서 빙빙 돌며 포효하다가 높은 산 정상에서 갑자기 뚝 멈추었다. 그리고 다시 울부짖고 날뛰다가 뭔가 무시무시한 괴물로 변했다. 괴물로 변한 다음 산비탈에 있는 거대한 구멍에 몸을 숨겼다.

탄 바티르는 재빨리 나무에서 내려와 괴물이 사라진 구멍을 찾았다. 그것은 아주 거대한 구멍이었다. 탄 바티르는 큰 돌을 들어 마개처럼 구멍에 끼워 놓았다. 그리고 형들을 깨우러 서둘러 갔다. 그런데 형들은 서두르기를 싫어하는 사람들이었다. 그들은 느릿느릿 일어나서 탄 바티르가 만든 물고기 요리를 배가 터지도록 먹고 나서야 산의 구멍으로 향했다. 탄 바티르가 말했다.

"괴물이 바로 저 구멍 안에 몸을 숨겼어. 우리가 그 괴물을 따라가려면 먼저 돌을 치워야 해."

키치 바티르가 돌을 잡았다. 그러나 돌은 움직이지 않았다. 텐 바티르가 잡았으나 역시 돌은 자리에서 꼼짝도 하지 않았다. 그러자 탄 바티르가 돌을 들어 힘껏 멀리 밀었다. 돌이 비탈 아래로 굴러갔다. 탄 바티르가 형들에게 말했다.

"우리 중 누가 이 구멍으로 내려가서 괴물을 찾아야 해. 괴물이 공주들을 데려갔는지 모르잖아."

형제들은 서로 논의를 했다. 논의를 한 후 숲으로 가서 버드나무 껍질을 벗기기 시작했다. 그 껍질로 밧줄을 꼬기 시작했다. 3일 밤낮을 꼬아 아주 길고 굵은 밧줄이 완성되었다. 밧줄의 한쪽 끝에 키치 바티르를 묶어서 구멍으로 내려보냈다. 키치 바티르가 아래로 내려갔다. 아침부터 저녁까지 아래로 내려보냈다. 마침내 키치 바티르가 끌어올리라고 신호를 보내자 그를 끌어 올렸다.

키치 바티르가 말했다.

"줄이 짧아서 바닥까지 갈 수가 없었어."

그들은 하루 동안 줄을 더 꼬았다. 이제 텐 바티르를 묶어서 구멍으로 내려보냈다. 키치 바티르와 탄 바티르가 기다리고 또 기다렸으나 아무런 소식이 없었다. 다음 날 텐 바티르가 밑에서 줄을 당겼다. 그를 위로 끌어 올렸다.

텐 바티르가 말했다.

"너무 깊어. 줄이 짧아서 바닥에 다다를 수 없어."

그러자 형제들은 이틀 밤낮을 꼬박 앉아서 줄을 더 꼬았다. 줄을 길게 꼰 다음 탄 바티르를 묶었다. 구멍으로 내려가기 전에 탄 바티르가 형들에게 말했다.

"만일 내가 빠른 시간 안에 위로 올라오지 못하면 딱 1년을 기다려. 1년이 지나도 내가 나타나지 않으면 더 이상 기다리지 말고 떠나."

그렇게 말한 후 탄 바티르는 형들과 작별을 하고 구멍으로 내려갔다.

두 형은 구멍 근처에서 계속 기다리게 하고 우리는 막내 탄 바티르를 따라가 보자.

막내는 내려가고 또 내려갔다. 그러나 아무리 내려가도 바닥은 없었고 줄은 역시 짧았다. 그는 올라가고 싶지 않았다. 공연히 헛수고만 한 것 같아서 위로 그냥 올라가는 것이 아쉬웠다. 탄 바티르는 자신의 칼로 밧줄을 잘라 버렸다. 그는 아래로 떨어졌다. 오랫동안 날았다. 그러다 마침내 뭔가 딱딱한 곳에 부딪쳤다. 거의 죽을 정도로 세게 부딪쳤다. 그는 의식을 잃고 사흘 동안을 누워 있었다. 그러다 정신이 들었다. 일어나서 조심스럽게 걸어갔다. 그가 앞으로 걸어가고 있는데 쥐와 마주쳤다. 쥐가 한 번 몸을 떨자 사람으로 변했다.

"굉장하군. 탄 바티르! 너 여기서 뭐 하니?"

"괴물을 찾으러 여기까지 내려왔는데 어디로 가야 할지 도대체 길을 못 찾겠어."

"솔직히 말해서 그 괴물한테 속은 거야. 너는 바닥까지 도달한 최초의 사람이야. 그러나 괴물은 바닥보다 더 밑으로 내려갔어. 네가 오판을 한 거지. 이제 너는 너무 깊이 내려와서 내 도움 없이는 절대로 이 구멍에서 나가지 못할 거야."

탄 바티르는 물론 아주 당황했다. 쥐가 말했다.

"내가 너에게 네 개의 쥐 군단을 주겠다. 쥐들이 흙을 파면 네가 흙을 밟아 굳혀. 그렇게 하면 위로 올라갈 수 있을 거야. 그런 방법으로 쥐들이 너를 오솔길로 인도할 거야. 그 오솔길을 따라 앞으로 걸어가. 7일 밤낮을 완전 암흑 속에서 걷게 될 거야. 무서워하지 마. 길을 따라서 가면 일곱 개의 철 대문이 나올 거야. 만일 철문을 통과할 수 있다면 빛을 보게 될 거야. 너에게 무거운 문은 절대로 통과하지 마. 만일 빛의 세계로 나오게 되면 또 하나의 오솔길이 보일 거야. 그 길을 따라서 가면 돼. 7일 후에 너는 궁전 같은 곳에 도달하게 될 거야."

쥐는 말을 마친 후 다시 몸을 한 번 떨어 이전의 모습으로 돌아가더니 이내 사라졌다.

그렇게 탄 바티르는 쥐들의 도움으로 위로 올라가기 시작했다. 아주 오랫동안 계속 땅을 판 끝에 오솔길에 도착했다. 물론 그 앞에는 쥐가 말한 일곱 개의 철 대문이 나타났다. 문을 보고 그는 자신의 무거운 막대기를 들어 첫 번째 문을 두들겼다. 그러자 문이 산산이 부서졌다. 그런 방법으로 그는 일곱 개의 문을 부수고 밝은 빛의 세계로 나갔다. 탄 바티르가 점점 더 멀리 갈수록 더 밝아졌다. 7일 후 앞에 거대한 벽돌같이 생긴 붉은색의 무언가가 있는 것이 보였다. 점점 가까이 갈수록 진짜로 그 앞에 거대한 벽돌이 있는 것을 알게 되었다. 벽돌 위에는 구릿빛 말을 타고 청동 갑옷을 입은 수문장이 우뚝 서 있었다. 수문장이 소리를 질렀다.

"어이! 인간의 아들이 아직 살아서 여기까지 들어오다니. 길을 잃었든 실수로 여기까지 오게 되었든 내 알 바가 아니지만 우리 괴물 주인님이 돌아오면 너를 먹어 치울 거다."

청년이 대답했다.

"그가 나를 잡아먹을지 내가 그의 꼬리를 감아올릴지 알 수 없지. 지금 나는 너무 배가 고파서 그것까지 신경을 쓸 수가 없어. 나에게 먹을 것 좀 가져다줘."

"안 돼. 나에게는 주인님을 위해 만든 황소 한 마리로 끓인 국과 빵 그리고 신 음료 한 양동이밖에 없어. 너에게 줄 음식은 아무것도 없어."

"괜찮아. 나는 그 음식들이면 충분해. 너의 주인은 더 이상 먹고 마시지 못하게 될 거니까."

탄 바티르가 그렇게 말하자 남자가 구릿빛 말에서 내려 청동 갑옷을 집어 던졌다. 알고 보니 남자가 아니라 여자였다. 그녀는 청년에게 먹을 것을 준비해 주었고 탄 바티르는 깨끗하게 음식을 다 휩쓸어 먹었다. 음식을 먹고 나니 졸리기 시작했다. 그는 잠자기 전에 처녀에게 물었다.

"그런데 언제 괴물이 돌아오지?"

"내일 아침 무렵에. 바로 저기에 있는 청동 다리를 통과해서 올 거야."

청년이 말했다.

"너에게 송곳을 줄게. 괴물이 집에 돌아올 때가 되면 이 송곳으로 나를 있는 힘껏 찔러. 그러면 내가 깨어날 거야."

그렇게 말한 후 탄 바티르는 잠이 들었다. 아침이 되어 괴물이 거의 도착할 때가 되자 처녀는 탄 바티르를 깨우기 시작했다. 그러나 탄 바티르는 일어나지 않았다. 그러나 처녀는 그를 송곳으로 찌를 수가 없었다. 그러나 깨우지 않는 것 역시 위험했다. 그녀는 다시 있는 힘을 다해 그를 흔들기 시작했다. 탄 바티르가 잠에서 깨어났다.

"아이고! 송곳으로 찔렀어야지. 농담으로 그렇게 말한 게 아닌데."

탄 바티르는 처녀가 일러 준 다리 밑으로 가서 숨었다. 순식간에 폭풍우가 일더니 괴물이 다리로 다가왔다. 처음에 괴물의 개가 다리로 다가와서 갑자기 짖기 시작했다. 애처롭게 짖으며 주인에게 달려들었다. 괴물은 채찍을 들고 개를 혼내고 말을 탄 채 청동 다리로 들어섰다. 다리에 발을 디디자마자 말이 못에 박힌 것처럼 움직이지 않았다. 괴물은 화를 내며 채찍으로 말을 때렸다.

"뭐가 무서워서 그러니? 아니면 탄 바티르가 여기 나타나기라도 한 거니? 아마 그는 어둠에서 벗어나지도 못했을 거야!"

괴물이 중얼거리자마자 탄 바티르가 다리 밑에서 나왔다.

"탄 바티르는 어둠의 세계에서 벗어나서 이미 여기 나타났다!"

괴물이 말했다.

"나타나면 뭐해. 너는 예상했던 거보다 아주 작구나. 두 번에 베어 물어 한 번에 삼키면 되겠어. 나에게는 일도 아니야."

"고슴도치는 작지만 가시가 강하지. 어떻게 해도 밟을 수가 없을걸!"

괴물이 말했다.

"좋아. 쓸데없는 소리 지껄이지 마! 우리 서로 잡아당겨서 판가름을 낼까 아니면 한판 붙어 싸워 볼까?"

"잡아당기는 것은 네 아저씨나 하라고 하고 우리는 서로 붙어 싸우자."

그들은 싸우기 시작했다. 아주 오랫동안 싸웠지만 승패가 나지 않았다. 그들 발아래의 모든 땅은 단단한 구멍들로 변했다. 그런데 괴물이 힘이 거의 빠졌다. 바로 그때 탄 바티르가 괴물을 공중으로 높이 들어 올려 땅에 메다꽂았다. 그리고 자신의 날카로운 칼을 들어 올려 괴물을 산산조각 내 장작가리처럼 쌓아 놓았다. 그런 다음 괴물의 말을 타고 궁전으로 향했다. 지난번의 수문장이 그를 맞이하러 달려 나왔다.

"이제 아무도 무서울 것이 없어요. 이제 말할 수 있겠네요. 저는 왕의 맏딸이에요. 바로 그 괴물이 저를 몰래 데려왔어요. 제발 부탁이에요. 저를 여기에 놔두지 말고 데려가 주세요!"

탄 바티르가 말했다.

"우리 삼형제가 당신을 데리러 온 것입니다."

그는 주머니에서 왕이 서명한 종이를 꺼내 보여 주었다. 왕의 딸은 기뻐서 어쩔 줄 몰랐다.

"왕이 당신을 우리 큰형의 아내로 삼게 해 주겠다고 약속했으니 여기 이 궁전에 잠시 있으면 돌아가는 길에 당신을 데려가겠소."

사흘을 쉰 후 탄 바티르는 길 떠날 준비를 하며 그 처녀에게 물었다.

"그런데 동생들은 어디에 있죠? 어떻게 동생들을 찾아야 하죠?"

"괴물이 아주 엄하게 나를 감시했고 아무 데도 가지 못하게 했어요. 그래서 동생들을 보지 못했는데 큰 동생에게 가려면 7일이 걸려요."

탄 바티르는 왕의 큰딸에게 작별 인사를 하고 출발했다. 7일 동안 산과 절벽을 건너 그는 은으로 된 궁전에 가까이 갔다. 우뚝 선 궁전은 태양빛을 받아 빛나고 있었다. 은색의 말을 타고 은 갑옷을 입은 한 보초 병사가 궁전 옆에서 탄 바티르에게 멈추라고 하며 말했다.

"어이! 인간의 아들이 아마 실수로 여기까지 오게 됐나 본데 아직 무사할 때 떠나라. 만일 주인이 돌아오면 눈 하나 깜짝하지 않고 너를 먹어 치울 거다."

"당신 주인이 빨리 왔으면 좋겠소. 누가 이기나 보게. 그건 차차 두고 봅시다. 나는 7일 동안 낱알 하나 입안에 넣지 못했소. 먼저 먹을 거나 좀 주시오."

"너에게 줄 건 아무것도 없다. 주인을 위해 잡은 소 두 마리, 빵 두 개, 신 음료 두 통이 있을 뿐이야."

"잘됐어요. 공복을 채우는 데는 그거면 충분해요. 이리로 전부 가져오시오."

"무슨 말을 하는 거야? 주인에게 말할까?"

"걱정하지 말아요. 당신 주인은 더 이상 먹지도 마시지도 못할 거니까."

은 갑옷을 입은 병사가 탄 바티르에게 음식을 가져왔다. 탄 바티르는 배불리 먹고 실컷 마신 후 보초에게 다정하게 물었다.

"당신 주인은 언제 돌아오나요?"

"내일 저녁 무렵에는 반드시 돌아올 거야."

"어느 쪽에서 오나요?"

"바로 궁전 뒤에 강이 있어. 강에는 은 다리가 놓여 있는데 매번 괴물은 그 다리를 건너서 와."

"나는 좀 누워서 잘 테니 주인이 다리에 나타나면 깨우시오. 만일 내가 아주 깊이 잠들어 깨지 않거든 이 송곳으로 찌르시오."

탄 바티르는 보초에게 송곳을 주고 잠이 들었다.

그는 다음 날 저녁까지 잠에 빠져 있었고 괴물은 이미 거의 집에 가까이 오고 있었다. 보초는 괴물이 가까이 오고 있다는 것을 느껴서 탄 바티르를 깨우기 위해 달려갔다. 그러나 아무리 애를 써도 그는 깨지 않았다. 보초는 어찌할 바를 모르고 탄 바티르 옆에서 울음을 터뜨렸다. 송곳으로 찌를 수도 있었지만 곤하게 자고 있는 탄 바티르가 불쌍했고 다른 방법으로는 어떻게도 깨울 수가 없었기 때문이다. 결국은 송곳을 찔러 그를 깨어나게 해야겠다고 결심했다. 그런데 탄 바티르가 그의 통곡 소리를 듣고 스스로 잠에서 깼다.

보초가 말했다.

"빨리 일어나. 괴물이 가까이 오고 있어. 내가 말한 대로 우리 둘을 죽일 거야."

탄 바티르는 칼을 들고 달려가서 은 다리 밑에 숨었다. 얼마의 시간이 흐른 후 거대한 괴물이 바람을 일으키고 쿵쿵거리며 다리 쪽으로 다가왔다. 먼저 그의 개가 다리로 달려갔다. 개는 한 걸음을 옮긴 후 짜지는 소리와 함께 주인에게 껑충 뛰어들었다. 괴물은 개의 그런 행동에 화가 났다. 채찍을 흔들며 은 다리를 따라 질주했다. 다리의 중간에서 갑자기 괴물의 말이 못에 박힌 듯 멈췄다. 괴물은 채찍으로 말을 때렸으나 말은 자리에서 꼼짝도 안 했다.

"어이! 너 겁이 나는 거니? 탄 바티르가 여기 온 것 같아? 그는 아직 어둠에서 벗어나지도 못했어."

괴물이 그렇게 말하자마자 탄 바티르가 다리 밑에서 올라왔다.

"탄 바티르가 어둠에서 벗어나 바로 여기 있다."

"네가 나타나서 영광이다. 내가 너를 두 번 물어 한 번에

삼킬 거다."

"삼키지 못할걸. 뼈가 너무 커서."

"좋다. 그럼 서로 밀치기를 해서 판가름을 낼까? 아니면 붙어서 싸울까?"

"밀치기는 네 아저씨나 하라고 하고 우리는 붙어서 싸우자!"

그들은 싸우기 시작했다. 탄 바티르는 괴물을 높이 들어 땅에 메다꽂았다. 그러자 괴물의 뼈가 산산조각 났다. 탄 바티르는 뼈를 장작더미처럼 쌓고 괴물의 말을 타고 궁전으로 갔다. 보초가 말했다.

"제발 저를 여기 남겨 두고 떠나지 마세요. 저는 원래 보초가 아니에요. 보초의 복장을 했을 뿐이에요. 저는 왕의 둘째 딸인데 저를 데려가 주세요."

"좋아요. 당신은 내 둘째 형과 결혼하게 될 거예요."

그리고 그는 왕에게서 받은 종이를 보여 주었다.

"잠시 여기 궁전에 있으세요. 돌아가는 길에 데려가겠소. 지금 당장 당신의 막냇동생을 찾으러 가야 해요. 막냇동생은 어느 쪽에 있나요? 여기에서 먼가요?"

"이 은빛 말을 타고 달리면 딱 7일 후에 도착하게 될 거예요."

그는 은빛 말을 타고 달렸다. 7일째 되는 날 황금 궁전에 도착했다. 궁전은 두꺼운 벽으로 둘러싸여 있었다. 황금 대문 옆에 황금 갑옷을 입고 황금색 말을 탄 보초가 서 있었다. 탄 바티르가 다가가자 그가 말했다.

"어이! 인간이 여기서 길을 잃었군. 괴물에게 들키면 생명을 잃을 거야."

"괴물에게 잡혀 먹힐지 내가 그를 죽일지는 나중 일이고 지금은 몹시 배가 고프니 먹을 것 좀 주겠소?"

"주인을 위해 만든 소 세 마리와 구운 빵 세 개, 신 음료 세 통 외에는 없다."

"그것이면 충분해요."

"그렇다면 저 철 대문으로 다가가라. 만일 그 문을 부술 수 있으면 음식을 주겠다."

탄 바티르는 문을 산산이 부수고 궁전으로 들어갔다. 물론 보초는 청년의 힘에 몹시 놀랐다. 그는 탄 바티르를 방으로 데려가서 먹고 마시도록 했다. 탄 바티르는 충분히 먹고 마신 후 물었다.

"당신 주인은 언제 돌아오지요? 어느 쪽으로 오나요?"

"그는 저기 울창한 숲 쪽에서 와. 거기 금 다리가 있는데, 주인은 금빛 말을 타고 금 다리를 건너서 올 거야. 충직한 개하고 항상 함께 와."

"나는 지금 누워서 쉬고 있을 테니 당신 주인이 돌아올 때가 되면 나를 깨우시오. 내가 깨지 않으면 이 송곳으로 찌르시오."

탄 바티르는 보초에게 송곳을 주고 바로 잠들었다. 낮이 지나고 밤이 지났다. 괴물이 집에 돌아올 시간이 되었다. 보초는 탄 바티르를 깨우려고 애썼으나 그는 미동도 하지 않았다. 보초는 탄 바티르가 준 송곳을 들고 그의 장딴지를 찔렀다. 청년은 제때 깨어나게 해 줘서 고맙다고 말하며 벌떡 일어났다. 보초는 옆에 놓여 있는 통에서 물 한 국자를 떠서 탄 바티르에게 주었다.

"떠나기 전에 이 물을 마셔. 이 물로 인해 힘이 보충될 거야."

탄 바티르는 물을 마셨다. 보초는 그를 다른 방으로 데려가서 말했다.

"괴물에게는 한 가지 습관이 있는데, 누군가가 그를 찾아오면 마치 손님이라도 온 듯 궁전으로 끌고 가지. 바로 거기 통이 두 개 있는데 한 통에는 힘을 보충해 주는 물이 들어 있고 다른 한 통에는 힘을 없애는 물이 들어 있어. 그 통들의 자리를 바꿔 놓아."

청년은 보초가 충고한 대로 통의 자리를 바꿔 놓았다. 그리고 보초와 작별 인사를 하고 금 다리로 가서 다리 아래 몸을 숨겼다.

얼마 후 괴물이 금빛 말을 타고 개와 함께 다리로 다가왔다. 그런데 개는 꼬리를 잔뜩 만 채 발걸음을 앞으로 내딛지 않았고 큰 소리로 짖으며 주인에게 되돌아갔다. 괴물은 불같이 화를 냈다. 채찍으로 개를 때리며 말을 몰았다. 그러나 다리의 중간쯤 가서 말은 못에 박힌 듯 꼼짝도 하지 않았다. 괴물은 말을 때리며 내몰았으나 말은 한 걸음도 앞으로 가지 않았다. 괴물이 화를 내며 말했다.

"너 왜 그래? 탄 바티르가 가까이 있는 것 같니? 그는 아직 세상에 태어나지도 않았어."

괴물이 그렇게 말하자마자 다리 밑에서 탄 바티르가 기어 나왔다.

"탄 바티르는 태어났고 바로 여기 있다."

"나는 네가 아주 키가 큰 줄 알았는데 겨우 땅 위에 서 있는 게 보일 정도구나. 두 번 물어 한 번에 삼키면 되겠네. 나에게는 일도 아냐."

"서둘지 마."

"그렇다면 서로 밀치기를 해서 승부를 가릴까? 아니면 한판 붙어서 싸울까?"

"밀치기는 네 아버지나 하라고 해. 너는 모가지가 비틀려 죽게 될 운명이야. 내가 이미 네 형제들의 뼈를 장작처럼 쌓았거든."

그들은 싸우기 시작했다. 싸우고 싸웠으나 승부를 가릴 수가 없었다. 탄 바티르의 힘과 괴물의 힘이 서로 같았다. 그들은 오래 그렇게 겨루었고 결국 탄 바티르 때문에 괴물은 지쳤다. 괴물은 뭔가 이대로는 안 되겠다고 느꼈다. 괴물은 생각했다.

'어라? 이대로 가면 저자가 나를 완전히 눌러 버릴 수도 있겠다. 집에 가서 좀 쉬어야겠다.'

괴물이 탄 바티르에게 말했다.

"우리 집에 가서 요기나 좀 하자. 그런 다음 끝장을 보자."

그들은 괴물의 궁전으로 가서 먹고 마셨다. 괴물은 마법의 물이 담긴 통의 자리가 바뀐 줄도 모르고 힘을 약하게 만드는 물이 든 통을 들어 물을 벌컥벌컥 들이켰다. 탄 바티르에게는 힘을 보충해 주는 물을 따라 주었다. 그런 다음 그들은 다시 금 다리로 향했다. 다리에 도착한 다음 괴물이 말했다.

"서로 밀치기를 해서 판가름을 낼까? 아니면 싸울까?"

"만일 밀치는 것이 무서우면 씨름을 해도 돼."

그들은 다리 옆의 들판으로 갔다. 누가 먼저 공격할지를 정하려고 제비뽑기를 했다. 괴물이 먼저 공격을 했다. 괴물은 먼저 손을 들어 탄 바티르의 복사뼈가 땅에 박힐 정도로 세게 때렸다. 탄 바티르는 자기 차례가 되자 땅속에서 발을 들어 올렸고 괴물을 세게 때렸다. 괴물은 무릎까지 땅에 묻혔다. 다시 괴물은 땅에서 나와 탄 바티르의 양 무릎이 땅에 묻힐 정도로 때렸다. 탄 바티르가 다시 때렸다. 괴물은 허리까지 땅에 묻혔다. 괴물은 버둥거리다 간신히 빠져나와 탄 바티르를 때렸다. 탄 바티르는 허리까지 땅에 파묻혔다. 탄 바티르는 땅속에서 나오려고 안간힘을 썼으나 나올 수가 없었다. 괴물이 말했다.

"탄 바티르! 어디 해 봐. 나와 봐. 그 더러운 곳에서 왜 버둥거리는 거야?"

"걱정하지 마. 나는 나오게 돼 있어. 너는 내가 어떻게 나오게 될지를 지켜보게 될 거야."

탄 바티르는 그렇게 말한 후 있는 힘을 다해서 몸을 떨어 마치 병마개가 나오듯 땅속에서 나와 괴물 앞에 우뚝 섰다. 그리고 힘껏 괴물을 때렸다. 괴물은 온데간데없고 머리만 삐죽 땅 위에 나와 있었다. 탄 바티르가 말했다.

"멍청아! 나와 봐. 왜 거기 푹 빠져 있니?"

괴물은 땅속에서 나올 힘이 없었다. 탄 바티르는 자신의 칼을 빼서 괴물의 머리를 잘라 버렸다. 그리고 땅속에서 괴물의 몸을 끄집어내 잘게 자른 다음 장작더미처럼 쌓았다. 탄 바티르는 금빛 말을 타고 금 궁전으로 똑바로 달렸다. 보초는 무척 기뻐하며 탄 바티르를 맞이했다.

"저는 원래 보초가 아니에요. 보초의 복장을 했을 뿐이에요. 저는 왕의 막내딸이에요. 제발 저를 데려가 주세요."

탄 바티르는 왕에게서 받은 종이를 보여 주며 말했다.

"나는 이미 당신의 언니들을 구했소. 언니들은 내 형들과 혼인을 할 거요. 당신이 원한다면 당신은 내 아내가 될 거요."

그들은 그 자리에서 혼인을 하기로 약속하고 궁전에서 며칠을 머문 다음에 다른 두 공주를 데리러 떠날 채비를 했다. 떠나기 전에 탄 바티르가 말했다.

"이 금으로 만든 궁전이 아무도 모르게 버려지다니 아깝다!"

"그것에 대해서라면 아무 염려 마세요."

그들은 길에서 먹을 음식을 좀 챙기고 말을 타고 떠났다. 얼마를 달린 후 막내 공주가 금 궁전을 향해 돌아서서 손수건을 흔들었다. 그러자 궁전이 금 달걀이 되어 그녀의 손으로 굴러 들어왔다. 그녀는 달걀을 손수건으로 싸서 탄 바티르에게 건넸다.

"자! 받으세요. 잘 간직하세요."

그들은 달리고 달려서 7일째 되는 날 은 궁전에 도착했다. 왕의 둘째 딸과 막내딸은 서로 껴안고 눈물을 흘렸다.

세 사람은 사흘 낮과 밤을 은 궁전에서 보내고 떠날 채비를 했다. 출발하고 나서 조금 후 왕의 둘째 딸은 궁전 쪽으로 돌아서서 손수건을 흔들었다. 그러자 궁전이 은 달걀로 변해서 그녀의 손에 굴러들었다. 둘째 공주는 달걀을 자신의 수건에 싸서 탄 바티르에게 건넸다.

"여기 있어요. 부디 잘 간직하세요."

그들은 달리고 달려서 7일 후 청동 궁전에 도착했다. 궁전으로 들어가자 두 공주는 언니를 껴안고 기쁨의 눈물을 흘렸다. 첫째 공주는 그들을 귀중한 손님처럼 맞이했다. 거기서 그들은 사흘 낮과 밤을 보내고 떠날 준비를 했다. 얼마 가지 않아 첫째 공주는 청동 궁전을 보며 손수건을 흔들었다. 궁전은 청동 달걀이 되어 그녀의 손에 들어왔다. 그녀는 달걀을 손수건에 싸서 탄 바티르에게 주었다.

"잘 간직하세요."

탄 바티르는 달걀을 주머니에 넣었다. 이제 그들은 계속 길을 달렸다. 마침내 산에 있는 구멍의 밑바닥에 도착했다. 밑바닥에 도착하자 탄 바티르가 끌어 올리라는 신호로 밧줄 끝을 잡아당겼다. 제일 먼저 왕의 큰딸을 줄에 매달았다. 그녀는 위로 올라갔다. 그녀가 나타나자마자 탄 바티르의 형들은 '내 거야', '아니야. 내 거야'라고 크게 소리치며 무섭게 싸우기 시작했다. 왕의 큰딸이 그들에게 말했다.

"저는 왕의 큰딸로 당신들 세 형제 중 가장 큰형과 혼인하게 되어 있어요. 우리들은 세 자매이고 당신들도 세 형제인데 싸울 이유가 전혀 없어요."

그리고 그녀는 밧줄을 아래로 내리게 했다. 밧줄이 밑으로 내려갔다가 다시 올라왔다. 왕의 둘째 딸이 나타났다. 둘째 딸이 나타나자마자 형제들은 서로를 때리며 싸우기 시작했다. 둘째 딸이 큰딸보다 더 예뻤기 때문이었다. 딸들이 말했다.

"공연히 싸우지 마세요. 저기 아래 우리를 괴물에게서 구한 당신들의 막냇동생이 있어요. 그리고 우리 막냇동생도 아래에 있어요. 빨리 그들을 꺼내 주세요."

두 사람은 싸우는 것도 지쳤고 밧줄을 아래로 내려보냈다. 줄이 바닥에 다 내려오자 막내 공주가 탄 바티르에게 말했다.

"먼저 당신이 올라가고 그다음에 저를 올려 주세요. 그렇게 하지 않으면 두 형들이 당신을 꺼내 주지 않을 수도 있어요."

"안 돼요. 당신을 이 땅속에 혼자 있게 할 수 없어요. 먼저 당신이 올라가고 그다음 나에 대해서 생각해 보면 되지요."

그는 줄 끝에 올가미를 만들어 막내 공주를 앉혀 밧줄을 당기라는 신호를 보냈다. 위에서 막내 공주를 끌어 올렸다. 그녀의 아름다움을 보고 두 형제는 또 다투기 시작했다. 막내 공주가 두 형들에게 말했다.

"어쨌든 당신들 중 누구도 나를 차지할 수 없어요. 나와 탄 바티르는 서로 결혼하기로 약속했고 저는 탄 바티르에게만 시집을 갈 거예요."

세 공주는 두 형제에게 막냇동생을 빨리 밑에서 끌어 올리라고 말했다. 두 형들은 줄을 구멍으로 내려보냈다. 탄 바티르는 줄 끝에 몸을 묶어 막 올라오려고 했다. 그런데 두 형들이 줄을 잘라 버렸다. 탄 바티르는 아래로 곤두박질했다. 여자들이 소리 내어 울었다. 두 형들은 그곳을 떠났다.

이제 탄 바티르에게로 돌아가 보자.

밑바닥으로 떨어진 후 탄 바티르는 오랫동안 정신을 잃은 채 누워 있었다. 사흘 후 그는 간신히 일어나 발길 닿는 대로 서두르지 않고 걸어 다녔다. 걸어 다니다 마침내 또 쥐를 만났다. 쥐는 탄 바티르를 만나자 한 번 몸을 흔들더니 인간으로 변했다.

"탄 바티르! 잘 있었어? 너 또 곤경에 빠졌니?"

"네. 그렇게 됐어요. 여기저기 다녀 보았지만 어떤 방법으로 위로 올라갈지 알 수가 없어요."

"이 근처에는 너에게 도움이 될 만한 것이 아무것도 없어. 그런데 마지막 괴물과 싸웠던 그곳에 가면 나갈 방법이 있어. 금 다리를 지나가면 높은 산이 보일 거야. 거기 두 마리 산양이 거닐고 있을 거야. 한 마리는 흰색이고 한 마리는 검은색이야. 둘 다 민첩해. 만일 네가 흰 양을 따라잡아서 그 등에 올라타면 그 흰 양이 너를 빛의 세계로 끌어 올려 줄 거야. 그런데 만일 검은 양을 타면 너는 죽거나 더 깊이 아래로 떨어질 거야. 잘 봐. 혼동하지 마."

탄 바티르는 고맙다고 말하고 쥐가 알려 준 길로 향했다. 일주일, 한 달을 걸었다. 마침내 바로 쥐가 말한 그 산이 가까이 보였다. 탄 바티르는 산양을 찾은 다음 흰 양을 뒤쫓기 시작했다. 흰 양을 잡으려 하자 검은 양이 끼어들었다. 그런 상황이 오랫동안 계속되었다. 마침내 탄 바티르는 흰 양을 잡아탔다. 양이 탄 바티르에게 물었다.

"나를 잡으려고 그렇게 애썼는데 바라는 게 뭐니?"

"나에게 바람이 있다면 오직 빛의 세계로 나가고 싶어요."

"빛의 세계로 데려다줄 수는 없어. 그러나 그 근처로는 데려다줄게. 그다음은 네가 스스로 길을 찾아야만 해."

"오래 가야 하나요?"

"거기까지의 거리는 짧지는 않아. 너는 내 등에 앉아 눈을 감고 있어. 말하기 전까지 눈을 뜨지 마."

흰 양은 말을 마치자 화살처럼 쏜살같이 달렸다. 탄 바티르는 겨우 양의 등에 붙어 있을 지경이었다. 얼마가 지났을까 양이 탄 바티르에게 말했다.

"눈을 떠."

탄 바티르가 눈을 뜨니 주위가 환했다. 그가 기뻐하는 것을 보고 흰 양이 말했다.

"시간을 허비하지 마. 저기 산을 따라 나 있는 길이 보이지? 그 길을 따라서 곧장 가. 길을 잃지 않도록 해."

양은 말을 마치자마자 눈 깜짝할 새에 사라졌다. 탄 바티르는 양이 알려 준 길을 따라 걸어갔다. 얼마 후 화덕이 하나 눈에 띄었다. 그는 이게 뭘지 궁금했다. 달구어진 숯 밑에 잘 구운 빵 한 덩이가 있었다. 빵에는 '탄 바티르'라고 쓰여 있었다. 탄 바티르는 생각했다.

'오호! 내가 그들 뒤를 맞게 따라가는 거야. 집이 가까이 있는 거야.'

탄 바티르는 빵을 다 먹은 다음 화덕 옆에 잠깐 누웠다. 조금 후 탄 바티르는 다시 일어나서 걷기 시작했다. 얼마를 가니 다시 다른 화덕이 있었다. 또 빵이 하나 놓여 있었다. 빵은 절반은 아직 구워지지 않았고 따뜻했다. 그는 재빨리 빵을 먹은 다음 쉬지 않고 계속 앞으로 걸어갔다. 얼마 후 조금 전까지 사람들이 있었던 흔적을 발견했다. 모닥불을 피우고 음식을 만든 흔적들이 있었다. 그는 재를 뒤적여 빵을 찾아냈다. 전혀 익지 않은 것이었다. 빵이라기보다는 밀가루 반죽이었다. 그는 생각했다.

'오호! 따라잡을 수 있겠다.'

탄 바티르는 피곤함도 모른 채 계속 앞으로 걸어가서 한 외딴 들판에 다다랐다. 그때 탄 바티르의 형들은 거처할 초목집을 만들고 있었다. 탄 바티르가 다가가자 형들은 깜짝 놀랐고 여자들은 울며 달려와서 그를 반겼고 돌봐 주었다. 밤이 되자 모두 잠자리에 들었다. 세 형제는 따로따로 누웠다. 탄 바티르의 형들은 자기들끼리 쑥덕였다. 큰형이 말했다.

"우리가 그 아이에게 나쁜 짓을 많이 저질러서 그 아이는 가만있지 않을 거야. 어떻게든 우리에게 복수할 거야."

"맞아. 그 아이가 우리를 용서해 주기를 기대하면 안 돼. 어떤 방법으로든 그 아이를 처치해야 해."

두 형은 서로 작당을 끝내고 막냇동생이 자고 있는 집 앞에 칼을 날카로운 면이 안으로 향하게 해서 무릎 높이까지 단단히 꽂아 놓았다. 자정이 되자 형들은 집에서 뛰쳐나와 째지는 목소리로 소리를 지르기 시작했다.

"도와주세요. 도둑이야! 도와주세요!"

탄 바티르는 바로 잠에서 깨 도와주러 집 밖으로 뛰쳐나가다가 칼에 다리가 베였다. 탄 바티르는 무릎까지 베였다. 그는 넘어져서 일어날 수 없었다. 형들은 짐을 서둘러 꾸려 여자들을 데리고 떠나려고 했다. 왕의 막내딸이 애원했다.

"제발 저를 그와 함께 있도록 해 주세요!"

그들은 그녀의 애원을 무시한 채 강제로 그녀를 끌고 갔다.

잠시 그들은 집으로 가도록 내버려 두고 탄 바티르 옆에 있도록 하자.

탄 바티르는 형들이 피워 놓은 모닥불 옆에 누워 있었다. 기어서 장작을 모아다 불에 던졌다. 불이 없으면 사태가 더 심각해지니까 불이 꺼지지 않도록 했다. 하루는 탄 바티르가 남겨진 그 들판에 한 남자가 나타났다. 남자는 발이 빠른 사람으로 불렸다. 남자는 새를 뒤쫓고 있었으나 왠지 잡을 수가 없었다. 그 사람의 다리에는 맷돌들이 매달려 있었다. 탄 바티르가 다가가서 물었다.

"여기서 뭐 하세요?"

"나는 장님이에요. 형들이 내가 발이 빠른 것을 시기해서 눈을 뽑은 다음 여기에 버렸어요."

"그런데 다리에 왜 그런 것을 묶고 있어요?"

"보다시피 이것이 풀리면 내 다리의 원기 왕성함을 감당하지 못하게 될 거예요. 그럼요!"

그렇게 두 사람은 대화를 나누며 서로에 대해 알게 됐고 앞으로 함께 지내기로 결정했다. 3일 정도 지난 후 또 한 사람이 그들과 합류했다. 그 사람은 팔이 없었다. 형들이 그에게 못된 짓을 저질러서 그렇게 되었다. 젊은 청년이었지만 대단한 장사였다. 세 사람은 함께 지내기 시작했다. 그들은 아주 사이좋게 지냈다. 장님과 팔이 없는 친구가 먹을거리를 구해 오면 탄 바티르가 요리를 했다.

어느 날 그들은 자기들끼리 이야기를 하다가 요리해 줄 사람을 하루빨리 데려와야겠다고 결정했다. 그들은 바로 요리사를 찾으러 출발했다. 다리가 없는 탄 바티르가 장님 위에 앉았다. 장님이 피곤해지면 팔이 없는 사람이 탄 바티르를 등에 태웠다. 그들은 오랫동안 그런 식으로 걸어서 한 마을에 도착했다. 사람들이 그들을 보러 거리로 뛰쳐나왔다. 촌장의 딸도 거기 사람들 틈에 있었다. 세 사람은 갑자기 군중 사이에서 처녀를 낚아채 데리고 가 버렸다. 아무도 눈을 깜박일 새도 없었다. 물론 병사들이 추격을 해서 장님의 빠른 발걸음을 따라잡으려 했지만 이미 오래전에 장님의 발자국은 흔적도 없이 사라졌다.

세 용사들은 처녀와 함께 그들이 사는 집으로 돌아왔다. 그들이 처녀에게 말했다.

"우리가 너를 동생으로 삼을 테니 우리에게 음식을 만들어 줘. 오직 불이 꺼지지 않게 잘 지켜봐 줘. 다른 일은 하지 않아도 돼."

매일 그들은 아침 일찍 사냥을 하러 갔고 처녀는 집에 혼자 남았다. 하루는 그녀가 잠든 사이 아궁이에 불이 꺼져 버렸다. 잠에서 깬 처녀가 그 사실을 알게 되었지만 이미 늦었다. 불을 살릴 방법이 없었다. 그녀는 오빠들에게 혼날까 봐 걱정이 되었다. 집에서 황급히 뛰어나가 높은 나무에 올라 사방을 살펴보았다. 저 멀리서 아주 작은 쥐의 눈같이 반짝이는 불빛이 보였다. 나무에서 내려와 불빛을 찾아갔다. 숲을 지나 오랫동안 걸어가니 마침내 작은 움막이 나타났다. 낮은 문을 살짝 열고 안으로 들어갔다. 노파가 앉아 있었다. 그 노파는 마녀였다. 처녀가 들어오자 노파가 물었다.

"얘야! 무슨 일로 여기 왔니? 무엇이 필요하니?"

"아! 저희 집 불이 꺼져서 불씨를 얻으려고 왔어요."

"그래. 불씨를 주마. 단 나는 혼자 살아 너무 외롭단다. 그러니까 내일 너희 집에 갈 테니 우리 마음 터놓고 이야기나 하자꾸나."

"좋아요. 그런데 저희 집을 어떻게 찾으시려고요?"

"너에게 재 한 동이를 줄 테니 집으로 가는 길에 재를 뿌려. 내일 재를 따라가면 너희 집에 도착하겠지."

처녀는 불씨를 얻어 집에 와서 오빠들을 위해 음식을 만들었다. 오빠들은 음식을 다 먹은 후 잠자리에 들었다. 오빠들은 다음 날 아침 다시 사냥을 나갔다. 오빠들이 나가자마자 그 노파가 집에 나타났다. 노파는 잠깐 앉아 있다가 말했다.

"애야! 늙은이 소원을 좀 들어주렴. 내 머리에서 이를 좀 잡아 주렴."

노파는 처녀의 무릎을 베고 누웠다. 처녀가 노파의 머리에서 이를 찾는 동안 노파는 처녀의 다리를 물어 피를 빨았다. 배가 부를 때까지 피를 빨아 먹은 후 노파는 일어나서 떠났다. 그 후 노파는 매일 오빠들이 사냥을 나간 사이 처녀에게 와서 피를 빨아 먹었다. 나날이 처녀는 바싹 말라 갔고 얼굴은 노래지고 가죽과 뼈만 남게 되었다. 보다 못한 오빠들이 물었다.

"왜 그렇게 바싹 말라 가니? 집이 그리워서 그러니? 아니면 병이라도 걸린 거니?"

"집이 그리워서도 아니고 아프지도 않아요. 그냥 그저…."

처녀는 오빠들에게 사실대로 말하고 싶지 않았다. 마침내 그녀의 다리가 움직이지 않게 되었다. 그녀는 일어설 수조차 없었다. 그제야 처녀는 오빠들에게 털어놓았다.

"이런 일이 있었어요. 어느 날 불이 꺼져 한 노파에게서 불씨를 얻어 왔는데 그 노파가 매일 와서 내 피를 빨아 먹어요."

오빠들은 상의한 후 그 노파를 없애기로 결정했다. 다음 날 발이 빠른 장님 오빠가 집에 남았다. 그는 난로 위에 가만히 앉아 있었다. 곧 노파가 나타나서 장님이 있는 것을 알아차렸다. 노파는 장님에게 말했다.

"네가 나를 잡고 싶다고?"

노파는 장님을 난로에서 끌어내 손발을 자신의 머리카락으로 감았다. 그러고 나서 처녀의 피를 남김없이 빨아 먹고 떠났다. 다음 날에는 팔이 없는 오빠가 집에 남았다. 노파는 팔이 없는 오빠를 머리카락으로 묶어 놓고 처녀의 피를 빨아 먹고 떠났다. 3일째 되는 날에는 탄 바티르가 처녀와 함께 집에 남았다. 그가 처녀에게 말했다.

"내가 여기 방 밑에 숨어 있을 테니 만일 노파가 와서 오늘 누가 남았냐고 물으면 아무도 남지 않았고 노파가 무서워서 집에 아무도 오지 않을 거라고 말해. 노파가 너에게 다가와서 피를 빨면 노파의 머리카락을 내가 있는 여기 틈 속으로 밀어 넣어."

노파가 집에 와서 아무 의심 없이 처녀의 피를 빨기 시작했다. 처녀는 노파의 머리 타래를 틈으로 밀어 넣었다. 탄 바티르는 머리 타래를 방 밑에 가로놓여 있는 기둥에 묶고 위로 올라와서 노파를 때렸다. 그때 다른 동료들이 돌아왔다. 팔이 없는 용사는 노파를 발로 차기 시작했고 장님은 양손으로 노파를 인정사정없이 때렸다. 노파는 물론 완전히 무방비 상태가 되었다. 노파가 애원했다.

"때리지 마. 장님의 눈을 뜨게 해 줄게. 모두들 영원히 건강히 살 수 있게 만들어 줄게."

그들은 노파의 애원을 들어주기로 했다. 노파는 맹세했다. 제일 먼저 한 일은 처녀를 삼키는 일이었다. 노파는 처녀를 삼켰다가 다시 뱉어 냈다. 처녀는 예전보다 더 아름다워졌고 건강해졌고 혈색이 좋아졌다. 그다음에 장님을 삼켰다. 장님은 눈이 보이게 되었다. 팔이 없는 사람은 두 팔이 달린 채 나타났다. 이제 탄 바티르 차례였다. 탄 바티르가 말했다.

"잘 살펴. 노파가 나를 삼킨 다음 뱉어 내지 않을 거야. 그러니 나를 뱉어 낼 때까지 노파를 놓아주면 안 돼."

노파가 탄 바티르를 삼켰다. 그러나 아무리 기다리고 기다려도 노파는 탄 바티르를 뱉어 내지 않았다. 두 용사가 노파를 때리려고 해도 소용이 없었다. 눈을 되찾은 용사가 칼을 빼서 노파를 베기 시작했다. 노파를 산산조각 냈으나 탄 바티르는 어디에도 없었다. 그런데 자세히 살펴보니 노파의 엄지손가락 하나가 없었다. 집 여기저기를 찾아보기 시작했다. 손가락은 노파의 집으로 가는 길에 뒹굴고 있었다. 그 손가락을 잡아서 갈랐더니 그 안에서 탄 바티르가 나왔다. 그는 예전보다 더 건장해졌고 더 잘생겨졌다. 모두들 기뻐했다. 그들은 며칠을 함께 지낸 후 각자 자신의 고향으로 가기로 결심했다. 탄 바티르가 말했다.

"제일 먼저 저 아이를 집에 데려다주자."

그들은 여러 가지 많은 선물을 처녀에게 주고 따뜻하게 작별 인사를 했다. 발이 빠른 용사가 처녀를 업고 삽시간에 처녀의 집으로 데려갔다. 그 후 세 용사들은 서로 작별 인사를 하고 영원한 우정을 맹세하고 서로 갈 길을 갔다. 탄 바티르는 많은 나라를 지나 세찬 강을 건너고 험한 산을 넘어 자신의 고향에 도착했다. 그는 변두리에 있는 한 외딴 초막에 들러 거기 사는 노인과 노파에게 물었다.

"왕의 용사들이 돌아왔나요? 많은 재물을 가지고 왔나요? 왕의 딸들을 찾아 데리고 왔나요?"

"공주들을 찾아서 데리고 왔어. 다만 한 용사가 죽어서 돌아오지 못했대."

"용사들은 공주들과 결혼식을 치렀나요?"

"아니. 모레가 바로 결혼식이야."

노인의 이야기를 들은 탄 바티르는 서둘러 '저는 솜씨 좋은 장인으로 여성용 비단 신을 꿰맵니다. 왕의 따님들이 결혼식에 창피하지 않게 신발을 만들어 줍니다'라고 간판을 써서 노인의 집 앞에 달았다.

공주들이 그 사실을 알게 되어 노인의 집으로 왔다.

"할아버지! 아주 예쁜 신을 만드신다고 들었어요. 내일 아침까지 세 켤레를 만들어 주세요."

"그 가격이면 내일 아침까지 만들어 드릴게요."

노인은 공주들에게 확답을 했다.

공주들이 돌아가자마자 노인은 바로 일에 착수해야겠다고 생각했다. 그러나 탄 바티르는 일을 시작할 생각조차 하지 않았다. 노인은 신발을 만들지 못해 큰 곤경에 빠지지 않을까 걱정이 됐다. 탄 바티르가 말했다.

"할아버지는 누워서 잠이나 자세요. 제가 기한 내에 다 마칠 테니."

노인 부부는 잠자리에 들었다. 자정이 되자 탄 바티르는 밖으로 나왔다. 그는 주머니에서 금 달걀, 은 달걀, 청동 달걀을 꺼내 땅에 굴렸다. 그러자 신발 세 켤레가 달걀 속에서 나왔다. 탄 바티르는 신발을 집으로 가져와 탁자 위에 놓았다. 아침에 노인이 일어나자 탄 바티르가 말했다.

"자! 할아버지. 제가 만든 신이에요. 공주님들이 신을 찾으러 오면 할아버지가 만들었다고 말하세요. 절대로 나에 대해서는 한 마디도 하시면 안 돼요."

조금 있으니 공주들이 와서 할아버지에게 말했다.

"할아버지! 다 만들었어요?"

"다 됐어요."

"어디 보여 주세요."

노인이 신발을 가져왔다.

"여기 있어요. 맞는지 신어 보세요."

공주들은 신을 집어 들었다. 물론 발에 꼭 맞았고 마음에 쏙 들었다.

"누가 만들었어요?"

노인이 말했다.

"제가 만들었어요."

공주들은 노인에게 큰돈을 치르고 다시 한번 물었다.

"자! 할아버지. 우리에게 진실을 말해 주세요. 누가 신발을 만들었어요?"

노인은 물러서지 않고 자신이 신발을 만들었고 도와준 사람도 없다고 완강하게 말했다. 공주들은 노인의 말을 믿지 않고 재차 말했다.

"좋아요, 할아버지! 우리가 아버지에게 말해서 결혼식을 하루만 늦출게요. 할아버지가 그렇게 솜씨가 좋다면 우리 모두에게 옷을 한 벌씩 지어 주세요. 단 옷에는 이음새가 하나도 없어야 해요. 내일 아침까지 옷이 다 지어져야 해요!"

노인은 아침까지 모두 완성하겠다고 왕의 딸들에게 확답을 했다. 승낙하고 싶지 않았지만 탄 바티르가 공주들이 어떤 주문을 해도 다 받아들이고 거절하지 말라고 부탁했기 때문이다. 왕의 딸들이 돌아가자 노인은 그런 옷을 어떻게 만드느냐고, 절대 불가능한 일이라고 슬퍼하기 시작했다. 그러자 탄 바티르가 말했다.

"할아버지! 걱정하지 마세요. 아침까지 푹 주무세요."

자정이 되자 청년은 밖으로 나가 금 달걀, 은 달걀, 청동 달걀을 꺼내 땅에 던졌다. 그러자 달걀에서 옷 세 벌이 나왔다. 그는 집으로 와서 옷을 걸어 놓았다. 아침 일찍 공주들이 노인 집으로 달려왔다. 노인은 옷을 내놓았다. 공주들은 놀란 눈으로 옷을 바라보며 노인에게 물었다.

"누가 옷을 지었어요?"

노인이 말했다.

"제가 지었지요."

왕의 딸들은 약속한 돈을 지불하며 말했다.

"이제 우리가 할아버지에게 또 하나의 임무를 줄게요. 그렇게 솜씨가 훌륭하다면 이 임무도 수행할 수 있을 거예요."

노인은 좋건 싫건 승낙하는 것 이외에는 할 수 있는 것이 아무것도 없었다.

"좋아요. 무엇이든 시키세요."

큰딸이 말했다.

"아침까지 외곽에 큰 청동 궁전을 지으세요."

둘째 딸이 말했다.

"은 궁전도 지어야 해요."

막내딸이 말했다.

"두 궁전을 다 지으면 나를 위해 금으로 궁전을 지으세요."

노인은 어찌할 바를 몰랐다. 그러나 노인은 탄 바티르가 한번 해 보겠다고, 궁전을 지을 거라고 말할 것을 기대하며 공주들의 요구를 받아들였다.

공주들이 돌아가자 노인이 집으로 들어왔다.

"아! 이제 난 망했다. 공주님들이 또 명을 내렸어."

노인은 떨며 눈물을 흘렸다.

"이제 우리는 어떻게 하지? 죽을 날이 다가온 것 같아."

탄 바티르가 말했다.

"슬퍼하지 마세요. 주무시고 일어나면 기한까지 제가 다 해 놓을게요."

탄 바티르는 자정에 밖으로 나가 세 개의 달걀을 다른 방향으로 굴렸다. 세 자리에 세 개의 궁전이 우뚝 섰다. 한 궁전이 유난히 아름다웠다. 아침이 되자 탄 바티르가 노인을 깨웠다.

"보세요. 저기 세 개의 궁전이 지어졌어요."

노인은 기뻐하며 이제 왕이 자신과 탄 바티르를 건드리지 않을 거고, 왕을 속인 죄로 그들을 죽이지 않을 거라고 탄 바티르에게 말했다. 공주들이 와서 궁전을 보고 나서야 비로소 궁전을 지은 사람이 바로 탄 바티르라는 것을 알아차렸다. 공주들은 노인을 불러 말했다.

"할아버지! 우리 부탁을 실행했어요?"

"무슨 말이세요? 직접 보셨잖아요?"

"할아버지가 궁전을 지었어요?"

"그럼 누가 지었겠어요!"

노인은 약속을 굳게 지켰다. 탄 바티르를 내어 주고 싶지 않았다. 공주들은 노인의 말을 믿지 않고 깔깔 웃으며 노인의 수염을 잡아당기며 말했다.

"붙인 걸까? 아니야, 진짜 수염이네."

공주들은 서로 상의를 하고 난 후 노인에게 말했다.

"됐어요. 할아버지! 할아버지의 진심을 알았으니 이제 저 궁전을 지은 사람을 불러 주세요."

노인은 이번에는 탄 바티르를 불러야만 했다. 공주들은 탄 바티르를 보자 울며 달려가서 그를 껴안았다.

탄 바티르가 살아서 돌아왔다는 소식이 왕의 귀에 들어

갔다. 왕은 탄 바티르를 불렀다. 공주들이 왕에게 말했다.

"바로 이 사람이 우리를 괴물로부터 구했어요. 그런데 이 사람의 형들이 이 사람에게 몹쓸 짓을 했어요."

왕은 힘센 용사 탄 바티르를 보고 깜짝 놀랐다. 왕은 원하건 원하지 않건 탄 바티르를 막내 사위로 받아들이기로 했다. 왕이 탄 바티르에게 말했다.

"형들은 네가 원하는 대로 처리해라. 네가 형들을 심판해라."

탄 바티르는 형들을 불러서 말했다.

"형들이 나에게 많은 악행을 저질렀지만 형들을 죽이지 않겠어. 여기서 멀리 떠나 다시는 내 눈 앞에 나타나지 마."

형들은 고개도 들지 못하고 떠났다. 탄 바티르는 왕의 막내딸을 아내로 맞아 40일 동안 혼례를 치르고 연회를 베풀었다. 탄 바티르는 젊은 아내와 함께 부모님에게 갔다.

지금까지도 그들은 행복하게 잘 살고 있다고 한다. 나는 어제도 그들 집에 갔다가 오늘 돌아왔다.

해 설

시베리아 타타르족은 서시베리아의 튜멘 주, 옴스크 주, 노보시비르스크 주, 톰스크 주, 케메로보 주 등에 주로 거주하는 튀르크족에 속하는 토착 원주민이다. 역사적으로 시베리아 타타르족은 우랄 산맥 동쪽에서부터 예니세이 강 유역 초원 지대의 드넓은 곳에서 생활했다. 튀르크어족에 속하는 시베리아 타타르어를 모국어로 사용한다. 서시베리아에 20만 명 정도의 타타르인이 거주하는 것으로 알려져 있는데 2002년 인구조사에서 자신을 시베리아 타타르인이라고 밝힌 사람은 1만 명 정도였다. 이는 시베리아 타타르인을 고유의 문화와 전통을 지니는 타타르와는 독립적으로 보는 시각을 반영한 것이다.

시베리아 타타르인은 중앙아시아인과 바시키르인, 카자크인과 인종적으로 유사하다. 남시베리아 인종, 서시베리아 인종, 중앙아시아 인종에 속한다. 농경과 축산을 생업으로 한다.

시베리아 타타르인의 신앙 체계는 이슬람교와 제례와 의식에서의 전통 신앙이 혼재된 특성을 지닌다. 물과 숲의 정령, 조상신, 사악한 정령의 존재를 믿고 민속 명절이나 기타 의식에서 정령 숭배 전통을 볼 수 있다.

시베리아 타타르인은 다른 시베리아의 소수민족들처럼 우주를 하늘, 땅, 지하세계의 삼차원으로 인식한다.

천상세계의 신은 쿠다이 또는 텡그리라 불렸다. 지하세계의 신은 불행과 질병, 심지어 죽음을 몰고 온다고 믿었다. 특정 우상신을 숭배해서 자작나무 껍질이나 나뭇가지로 만든 물건을 바친다.

시베리아 타타르 설화 속 유명한 주인공 중 하나는 숲의 주인인 슈랄레다. 온몸에 털이 나 있고 머리에 뿔이 달렸고 긴 손톱을 지니고 있다.

시베리아 타타르인의 세계관은 고대 튀르크인의 세계관과 이슬람적 세계관, 고대의 천신 사상인 텡그리적 세계관이 혼합되어 나타난다. 땅은 평평하고 마치 외투처럼 물 표면 위에 던져진 것이다. 땅이 우주의 중심이고 그 주위를 별, 태양, 달이 돌고 있다고 믿는다. 태초에 거대한 바다 공간을 두 마리 오리가 헤엄치다가 한 오리가 진흙이나 바다 밑바닥의 침전물을 바다 밑바닥에서 부리에 넣어 가지고 와서 물 위에 뿌리자 땅이 만들어졌고 두 번째 오리가 돌을 가지고 와서 던지자 산이 만들어졌다. 다른 신화에서는 천상의 신 텡그리가 백조에게 바다 밑바닥에서 흙을 가져오라고 명령해 땅을 만들고 거기에 정령들인 샤이탄을 먼저 살게 했다. 정령들이 신의 말을 듣지 않자 울창한 밀림 속으로 쫓아낸다. 그다음 진흙으로 최초의 인간을 만들었다. 이들에게 백조는 신성한 새로 지금도 백조를 죽이는 것은 신성모독이라 여긴다.

우주 발생과 관련된 설화에 시베리아 타타르인의 신화관이 잘 나타나 있는데, 별은 하늘로 올라간 용사나 처녀로 인식된다. 시베리아 타타르인은 하늘과 태양, 별을 신성시했는데 특히 북극성을 신성시했다. 별은 죽어서 하늘로 올라간 용사들의 혼이라 여겼으며 모든 인간에게는 각자 자신의 별이 있다고 믿었다. 또한 달과 그 표면의 반점에 대한 전설들이 있는데, 계모의 학대를 받는 소녀를 달이 불쌍히 여겨 달로 데려와 살게 했고 그 후 달을 보면 양동이를 든 소녀의 모습이 보인다고 전해진다.

민담에는 용사들의 용감한 행적과 신기한 물건을 획득해서 행복을 찾아가는 과정이 흥미진진한 서사 구조로 전해진다. 특히 지배 계층의 위선과 잘못을 지혜와 해학으로 해결하고 이기는 주인공들의 모습은 시공간을 초월한 스토리성을 지니며 공감을 얻는다.

시베리아의 숲과 산이라는 광활한 자연 속에서 생활하는 동물들은 고대인들에게는 하나의 친족으로 토템의 대상

이기도 하고 아이와 어른, 힘센 자와 약한 자, 영리한 자와 우둔한 자의 이분법적 사고에 바탕을 둔 신화적 주제의 대상이다. 시베리아 타타르 설화의 경우 토템적 동물담보다는 이분법적 신화를 바탕으로 영리한 동물의 속임수와 간계, 꾀 그리고 그것에 항상 속는 우둔한 동물이 등장하는 동물담이 대부분을 차지한다. 그 대표적인 것이 여우와 늑대의 이야기다. 여우는 늑대나 곰 등 우둔한 동물을 속이기도 하지만 주인공을 도와 혼인을 성사시키거나 재물을 얻게 해 주는 보은 행위를 하는 등 이중적 유형으로 나타나기도 한다.

옮긴이에 대해

이경희는 한국외국어대학교 노어과를 졸업하고, 러시아과학아카데미 언어학연구소에서 의미통사론 분야로 박사학위를 받았으며, 현재 한국외국어대학교 등에서 강의하고 있다. 논문으로 <포스트소비에트 여성문학의 어휘분석>, <러시아 과학환상소설에 나타나는 신어 연구>, <어휘-통사 층위에 나타나는 언어문화적 변이> 등이 있으며, 역서로 ≪러시아 여성의 눈≫(공역), ≪러시아 추리작가 10인 단편선≫(공역), ≪북아시아 설화집 5(알타이족)≫ 등이 있다.

시베리아 설화집 전체 작품 목록

한국에 처음 소개되는 시베리아 설화다. 시베리아와 극동 제 민족의 설화를 연구하는 연구자들뿐만 아니라 평소에 시베리아의 신화, 전설, 민담에 관심을 가진 독자들에게 유용할 것이다. 총 43개 부족의 1017편 이야기다.

야쿠트인 이야기

곰과 여우
오리와 검독수리
누가 일출을 처음으로 보는가
수말과 황소
차아차하안 차아차하안
타알 타알 노파
리이바라
니이이 니이이 할멈
춥챠요쿄욘 춥챠요쿄욘
다섯 마리 암소를 가진 베이베리케옌 할멈
슬라브니 유데유이옌
자야치 흐보스트
테옐레이 할멈
늑대와 노인
영리한 개
오노고스토온 추오카안과 올로온 돌로온
가난한 농부
암소 세 마리와 아내 셋을 가진 노인 테예프 테예프
영리한 처녀
투툼 튜요케이
고대 용사와 전투에 대한 이야기

예벤키인 이야기

빼꾸기
백조와 까마귀
멧닭과 백조
곰과 붕어
여우와 모캐
여우 훌랸
은혜 갚은 곰
토끼 자매
식테흐 신겔툰
개가 털옷을 입게 된 사연
자작나무에서 태어난 소녀
지하세계에 간 남자 1
지하세계에 간 남자 2
차르치칸
천상세계에 갔다 온 남자
토끼를 속인 할아버지
소년과 까마귀
백조에게 아들을 빼앗긴 아버지
똥에 빠져 죽은 할아버지 할머니
예벤키 남자와 뱀
치나나이
아카라모와 이불 형제
슬기로운 청년
두 형제
모험을 찾아 떠난 청년
비켈리디운
료하
움나
우차나이
헤누키찬
불화의 언덕
예벤키 사람들이 순록을 키우게 된 이유
세 형제 무사
어린 무사
우냔니와 코렌도
옙카찬
무춘노이와 뵤르콜툰 형제
식토불
나라불
누르고불
누르가울
초로
소두 소르돈초 솔다니
킬리디나칸
중간세계의 우무스닌댠
차갈라이 차쿨라이
무사 볼론투르
하니 후분과 호호르 보그도
온기닐
우리얀과 몰리나
오란
디긴
어느 노부부의 오만방자한 아들
난쟁이 무사
캅탄디르
만기 됴롬고
유라키 사람들
식인 출루그디
난드리와 털보

이쵸그디로
식인 청년과 결혼한 아가씨
샤먼, 들쥐 그리고 식인
구리불과 식인 형제
네멜론

유카기르인 이야기

외로운 청년
개의 수호신들
땅의 주인
북극여우와 곰
토끼의 꼬리가 없어진 이유
셈테네이 노인
토끼
여우 이야기
야생 북극암사슴
솥단지 비슷한 썰매를 타고 다니는 사람들
라마도
옛사람들의 소녀
도르부
아낙네
도부레
구슬 턱수염 노인
욕심 사나운 노인
스라소니가 토끼를 잡아먹는 이유
하바타
마체칸
욕심 사나운 아낙네
'늙은이'라는 별명의 할아버지 나무
미끼 사슴을 데리고 하는 사냥
키르체아나
토로하
숙부-아버지의 아이
방탕한 여자
불구자
테베게이
얼음 구멍 속의 아낙네
로시야, 로시야, 긴, 긴, 긴
부르는 주문

돌간인 이야기

들쥐과 농어의 전쟁
노인과 토끼들
청년 황제와 농부의 딸
여자와 곰
백조로 변한 샤먼들
대지의 주인 영혼
대머리 청년
외눈박이 아가씨
온통 털로 덮인 사람들
작은 천막의 불꽃
리이피르다안
고아 형제
세 형제
흰올빼미
꾀 많은 여우
새와 동물의 전쟁
리이비라
농부 노인과 노파
세 청년
라아이쿠
젤레즈나야 샵카와 코스탸노이 포야스
행복한 날, 불행한 날
노인과 노파
천상에서 온 약혼자
다른 세계의 사람
마마 귀신

셀쿠프인 이야기

이테
개와 털가죽
인간이 생기게 된 유래
이차와 귀신
이차
켄가의 용사
마녀와 두 딸
바보 이반과 곱사등이 말 코넥 고르부노크
두 자매
몸통 없는 머리
태양의 왕
일곱 아이 이야기
푸치카 추리카
불의 주인
티시야
켄게르셀랴
바다 곶 노인의 아들들
찬케르
세 자매
들쥐과 쥐
눈 소녀
이반 왕자
영리한 소년
개구리

시베리아 타타르인 이야기

황금 새
의붓딸
지주와 일꾼
세 마리 비둘기
돈보다 값진 지식
질랸
귀머거리, 장님, 앉은뱅이
아버지의 세 가지 충고
세 자매
요술 반지
재봉사, 곰, 장난꾸러기
처녀와 물의 요정
주흐라 별
영리한 청년
귀신과 그의 딸에 관한 이야기
이르티시와 술레이만
아흐메트와 칸
카미르 바티르
얄 마미시
카라밈 바티르

여우와 늑대
탄 바티르

토팔라르인 이야기

달에 얽힌 이야기
일곱 처녀
세 마리 사슴
달사람
세 명의 용사
월식이 일어나는 이유
인간이 만들어진 유래
곰의 콩팥이 여러 짐승에게서 온 이유
사슴과 사향고양이
곰과 다람쥐
곰이 벌을 받게 된 이유
귀신의 관목 숲
세 형제
물의 주인
부모 없는 청년과 귀신들
콘조크 가문이 나타나게 된 이야기
용감한 사냥꾼과 독수리
여우 바위
타이멘 강에 얽힌 전설
곰의 호수
닭과 꿩
땅벌이 벙어리가 된 이야기
주걱뼈
회색 뼈
두 형제
날개 달린 소년
황금 가슴을 지닌 아기들
영리한 처녀
사악한 마법사
젖소 코를 가진 청년
인간의 아들과 개구리 딸
불멸의 인간들
부르한에 관한 전설
돌 목걸이
테르 오키시(꽃의 골짜기)
사람과 뱀
메르겐과 두 마리 뱀
아이굴
낙타와 토끼
꿩과 모기와 사슴
닭과 들꿩의 눈이 빨간 이유
개미와 나리새
구원의 불
소년과 이무기
사냥꾼이 귀신을 벌준 이야기
돌이 된 샤먼

케트인 이야기

곰 이야기
예틀의 며느리
발나
실레케
여우
우세시
반그셀
올기트
알바와 호샤담
강 상류에서 온 카이구시
단두큰 이야기
타닌가
쿄글 할머니
울게트
뉴냠
샤신쿠시 이야기
이다트 노인의 딸
카시케트와 예로호트 할아버지 이야기
빌게트

예네츠인 이야기

세 샤먼
일곱 아가씨
타이멘
노인
노파의 아들
별의 신화
디아
바루치의 모험
시오시쿠
두 형제
솔데이 카하

느가나산인 이야기

천지창조 신화
아밤 느가나산인이 등장하게 된 이유
갈매기
느가나산인 '3사젠 손'과 그의 아들
곰과 노인
모레데와 머리 없는 사람들
죽음의 호수
곰의 아들
오옐로코와 세 명의 러시아 상인
오옐로코와 암늑대 샤먼
노고레사의 아들
두 명의 사냥꾼과 샤먼
라쿠나의 아들들
여자 식인괴물 시게 이야기
겁쟁이 순록
태양의 딸
왜 늑대들은 더 이상 허풍을 떨지 않을까
누구의 뿔이 더 클까

네네츠인 이야기

새 총각
왜 부엉이는 햇빛을 보지 못하는가?
여우, 새 그리고 까마귀
곰이 꼬리를 잃게 된 사연
하류치
아기 순록과 생쥐
세 아들

월귤나무 열매
모캐 남편과 부인 마리야 공주
러시아 노인의 세 아들
한 꼬마 이야기
힘센 독수리가 네네츠인들에게 해를 돌려준 이야기
야브 말의 모험
야브 말이 거인을 이긴 이야기

에스키모인 이야기

대구와 고래의 논쟁
명예를 갈망하는 까마귀
작은 주민들
까마귀와 늑대
멧새 세 마리
까마귀와 부엉이
까마귀와 청설모
까마귀와 갈매기
물고기, 여우, 까마귀
까마귀 코시클리
까마귀와 여우
새끼 황소와 새끼 여우
교활한 여우
거짓말쟁이 여우
새끼 황소와 늑대
가마우지
큰사슴 아카나
쥐
해를 얻다
작은 딱정벌레 나그네
까마귀와 처녀
사람, 게, 까마귀
두 형제와 까마귀
까마귀가 결혼한 이야기
에멤쿠트
꾀돌이 쿠킬린
사람과 독수리
사냥꾼과 독수리
독수리 집의 소년
사람들은 전에 어떻게 살았는가
카나크와 독수리들
사냥꾼과 백곰
사슴 사육자와 늑대 가족
새끼 늑대
늑대와 물새
노인과 야생 사슴
노파가 동물들을 속인 이야기
다섯 아들
암곰이 훔친 아이
현명한 사슴 두 마리
사슴으로 변한 여자
잔나비와 티나기르긴
키크미라시크
누나그미트의 고래
우카마난
신기한 소고
심술궂은 노인과 쥐
까마귀 은피나
물범 나라에 놀러 갔던 사람
오형제 중 막둥이
바다의 주인
아메크
아이마나나운
바다에서 길을 잃은 사람
날아다니는 샤먼들
막둥이
불의 주인과 소년
다섯 형제와 여자
카약식비크
버림받은 청년
이수클리크
아하하나브라크
고아
두 아내를 가진 사람
우키바크의 질투쟁이와 그 아내
두 번째 아내
사라진 형제들
투명 인간

아이누인 이야기

쥐
세 남자
가자미와 망둥이
눈 남자
치시포
처녀와 악마
산노이페 여자
세 자매
세 남자 1
두 남자
'예쁜 얼굴'이라는 이름의 처녀
곰 축제
다섯 명의 아이누인
부엉이의 결혼
바다사자
달 사람
젊은 까마귀
물범의 섬
흑담비 사냥에서
서로가 닮은 사람들
어느 마을에서
화가 나서 싸웠다
두 자루의 칼

닙흐인 이야기

돌집
은혜 갚은 호랑이
우뭄즈 닙흐
세 형제
식인에게 잡혀갔던 아가씨
저승에 갔다 온 남자
백조 소녀
바다신의 손녀와 결혼한 청년
일곱 자매
용감한 무사와 네 여인
대머리 소년
악마를 이긴 청년
남매
용감한 아즈문

얼룩무늬 다람쥐
꿩 그리고 곰
바다표범과 넙치
갈매기는 어떻게 함께 살게 되었을까?
산신의 창
흰 바다표범
용감한 임히
산의 미녀
바다 신의 아내가 된 노부부의 딸
혼자 사는 남자
쿨긴
해표 약혼녀
못된 라도
니칸스크의 약혼녀
삼눈과 세 태양
무사 이야기
사냥꾼과 암곰
사람과 호랑이

축치인 이야기

아칸니카이
아내를 구하러 나선 수캐
흰 암곰
늑대 떼
카이마치캄
장난감으로 만들어진 사람들
요나브요치긴
공을 가지고 노는 여인
해협이 만들어지다
순록 사육인과 딸
큰어머니를 구한 아이
에이구스케이
온천에서 온 남자
목동 이이누비예
벌레를 기른 사람
바다 무지개
랍클라볼과 고아 샤먼
샤먼
샤먼 킥바트
꿈속에서 샤먼이 되는 사람
할머니와 손자
곰 굴속에서 겨울잠을 잔 목동 티네시킨
이상한 노인
카차프
일곱 형제
쿤렐류
벨리비넬레비트
랍틸레발
반카치코르
키에긴과 아들들
오먀야크
초마락티기르긴
무사 켈리에프와 청년
고집 센 엄마
곰을 모르는 청년
순록 사육인이 되고 싶었던 갈색 곰
사냥꾼과 악마
신출귀몰한 청년
인색한 큰아버지
석상
악밥라르키
천상에 잡혀갔다 되돌아 온 아이
쿠이키네쿠

코랴크인 이야기

쿠이킨냐쿠
약혼자를 잃은 레라
아버지 대신 켈레에게 잡혀간 남매
영리한 빅사
카이니빌류
다섯 자매
오요
임카
여자 샤먼 킷나
정착 생활자와 순록 사육자
린니날필리나의 복수
이인탈라트
사냥꾼
무사 소홀릴란
탐욕스러운 까마귀
부자와 가난한 자
까마귀와 늑대
바다표범과 개

케레크인 이야기

쇠갈고리를 가진 사람
바다표범을 이긴 토끼
여우와 까마귀
여우의 장난
개 아가씨에게 청혼한 여우
까마귀 쿠키
쿠키와 아내 미티
태양을 두려워하는 쿠키
여우와 쿠키
쿠키와 늑대
소년과 활
디오니시야 산
옴릿바알

우데게이인 이야기

불의 여인
에운쿠
에그디가 사 형제
셀레메게
볼롱고
바다뱀
벨레
메에히
팔람 파두
케드르 강의 용사
슌 샤가니니
장달라푸

나나이인 이야기

나이소
피치 못할 징조

금목걸이
요술 쌈지
명궁수 가르팜지
뻐꾸기가 가져다준 재물
용사 세누에
아이오가
꽃처럼 아름다운 처녀 얄가하 푸딘
버드나무
소년 촉초
킬레 밤바와 용사 로체

오로크인 이야기

목추 케칙테
붉은 늑대들
겝헤투
흰 사슴이 탄 배와 검은 사슴이 탄 배
불에게 대접한 음식

알류토르인 이야기

교활한 쿠트킨냐쿠
쿠트킨냐쿠, 미티와 악령들
리티티니안가비트, 쿠트킨냐쿠의 딸
킬릴키트기나쿠, 쿠트킨냐쿠의 아들
탐욕스러운 곰
쿠트킨냐쿠와 시시신
여우와 썩은 생선
쥐, 여우, 마귀할멈
카라긴인의 소탕
킬리븐가비트와 그녀의 형제들
임카와 아들 피니난
사촌 형제들

오로치인 이야기

여우와 왜가리
여우
까마귀
일곱 영웅
미녀
느게티르카
너구리
영웅 돌로누카누
세르샤바야 플레시
뱀 악마
하다마하
두 미녀
일곱 늑대
용사 캅추나
아쿤 족
옛이야기
멧돼지의 아내
자연의 탄생
땅이 식었을 때
오래된 전설
철의 용사
우자카
스멜차크 야두리
보크톤고

이텔멘인 이야기

틸발 전설
틸발의 복수
틸발과 네말인
쿠트흐
쿠트흐가 여우를 놀래 주는 법
쿠트흐가 아내 미티를 일하게 하는 법
쿠트흐의 거짓 죽음
쿠트흐의 죽음
쿠트흐와 미티가 열매 따는 법
쿠트흐와 여우와 늑대
쿠트흐와 게
알처녀들
쿠트흐와 엠엠쿠트의 싸움
쿠트흐와 미티의 딸 냐아
쿠트흐 자식들과 늑대 가족
쿠트흐의 바느질
쿠트흐와 쥐
시나네브트와 곰
늑대와 시나네브트
엠엠쿠트, 치치킴치찬, 포르캄탈한
엠엠쿠트, 코트하남탈한과 식인종
엠엠쿠트, 마로클나브트와 거위들
카만흐나브트
엠엠쿠트, 아나락클나브트와 발렌 시나네브트
첼쿠트흐와 독버섯 아가씨들
시나네브트의 잘못
시나네브트와 아나락클나브트의 결혼식
엠엠쿠트의 결혼식
엠엠쿠트와 아내 엘탈넨
시실한과 엠엠쿠트의 아내 아야노믈흐차흐
메치흐치, 곰과 쿠트흐
이블리켈헨
이킴투와 이빌투
암캐와 케쿠켐탈한
쥐와 까마귀
기러기
안가카 시시케

네기달인 이야기

메헤길에서 유래한 아윰칸
축차길 성씨의 유래
우단칸 산
호랑이
세 개의 길
부유한 신부 칼마그다
하늘의 사람
개구리
쿠이에미
장대
교활한 사람과 힘센 사람

입찬
까마귀와 매
거북이
늑대로 변한 다섯 여자
인간 창조에 관한 이야기
세 태양
달과 소녀
곰을 낳은 여자
세한에서 있었던 이야기
호랑이와 남자
청년과 골뱅이 아내
탑칼 씨족과 힘구
힘구의 거처
날아가 버린 아이
고아와 개
지하세계 이야기
소그됴콘
개구리와 쥐
푸딘과 개구리
날다람쥐
친데케와 여우
네야브칸과 여우

예벤인 이야기

새와 쥐가 싸운 이야기
욕심 많은 멧닭
떠버리 메추리
바다표범
여우와 늑대
여우와 곰
교활한 담비
담비
여우 이야기
움체긴과 부윤댜
두 자매 이야기
촐레레
첸게 이야기
오모촌
곰
움체니와 우인댜
오로치인과 코랴크인의 옛 생활에 관한 이야기
여자 샘
데브리켄 코브리칸
쿠를레니
게으른 소년과 새
달에 반점이 생긴 이유
고아 소녀 이야기
틸켄과 돌단 형제
우메스네와 안차크
현명한 노인
멘레크
한 마리 개
은둔자
고아소녀
잠자는 사람들
귀신 사위
노인의 세 아들
이웃 남자
두 형제 이야기
아내들을 빼앗은 남자
부자와 가난한 사람
욕심 많은 노파
오인데와 하바이
땅이 만들어진 유래
모기와 구더기가 생긴 유래
키로로트 2051

울치인 이야기

켐테르게 용사
용사와 사악한 정령
가난한 노인과 부자 노인
처녀와 거인들
두 처녀
바투리
개구리와 쥐
개구리 아이
청년과 호랑이
소년과 사악한 여우 정령
거지가 왕이 된 이야기
발듀 성씨에 관한 이야기
첸투세
호심부 할아버지

부랴트인 이야기

갈단과 바이르 형제
꾀 많은 부담슈
두 자루
몰론토이 영감
슈렐데헨 아가씨
행운과 불행
구르발다이의 세 현자
후르 연주자
구지르칸
청년 티스헤 비스헤
가난뱅이 도르지
무 몬토
가자르 포올린, 제에델레이의 아들
물귀신 할멈
꾀 많은 청년이 칸이 된 이야기
바보천치
현명한 아내
메르겐 조릭토
장사와 꾀돌이
가난뱅이와 악마
일흔 개의 거짓말
현명한 며느리
부담슈
청년 슈트니크
내가 바로 후르마스타(성인)이다
꾀돌이 발단
붉은 손바닥
어리석은 부자
겨울과 여름
개가 친구 같은 주인을 찾은 이야기
머저리 늑대
뽐내기 잘하는 강아지
눈과 토끼

총명한 냐햐
말과 사슴
곰
까치와 그 새끼들
교활한 고양이
두 마리 양과 여우
여자와 여우
늑대가 우는 까닭
처녀 혼히누르
벌 받은 탐욕
태양꽃
아르자 보르지칸과 선녀 우힌
용사 바이칼
처녀와 달
사자가 시베리아에서 사라진 이유
황금보석반지
명중한 화살
노인 호레도이
가난뱅이의 아들과 잔인한 칸
현명한 바드마와 어리석은 라마승
노인 타랴아샤의 아들 용사 구운 세에제
힐겐데이 메르겐
용사와 백조 아내
아가씨와 비로드처럼 검고 말을 할 줄 아는 말

만시인 이야기

엑바 피리스에 대한 첫 번째 이야기
엑바 피리스에 대한 두 번째 이야기
엑바 피리스
참새
토끼
땅의 기원에 대한 성스러운 이야기
세상의 창조
해와 달을 얻은 이야기, 땅 위에 새와 동물이 생겨난 이야기
달이 땅에 다녀간 이야기
다리 여섯 달린 사슴 사냥
북풍이야기
땅에 띠 두르기
사람이 창조된 이야기
처음 죽은 이들

한티인 이야기

알발리와 셉스 이키
람파스크 노인과 손자
활개 치는 팔을 가진 사내와 타파르 여자의 아들들
송 후슈 도시의 용사들
황금빛 머리칼의 황제
선조 용사 이야기
용사와 연락병
용사들의 전투
추가스 가족
파스테르족의 발생
라르 야흐족 이야기
성스런 봉들의 형성
성(姓)의 발생
아간강으로의 이주
아히스 야흐족과의 싸움
치펜 쿠
아버지에 대한 복수
이미 히티
이미 히티와 보싱 우르트
수고양이
쥐와 사슴
쥐
세 며느리
소년 이데
세계창조
도요새가 대지를 들어 올린 이야기
악마와 신
슌카이 이키간
태양의 딸과 달
달의 기원
태양과 달의 사람들

투바인 이야기

안치 카라
코두르 올과 비체 키스
자작나무 처녀
도장공과 석공
어부 오스큐스 올
진실을 볼 수 있는 삼형제
악 살 영감과 두주멧
세 가지 재주를 익힌 오스큐스 올
오를란 올과 체첸 키스
악 사기슈와 카라 사기슈
타이가 노래를 부른 오스큐스 올
고양이 선생
오스큐스 올과 딜기젝
아디간 영감
영리한 자와 부자
보랄다이
엄지소년
오스큐스 올과 황금 공주
단지에 든 죽
에르 사리크
헤베리크
황금 새
칸의 귀는 당나귀 귀
호벤 타지

하카스인 이야기

저승사자를 부려먹은 소년
통나무 안의 소년
부자와 사냥꾼
수호 에지와 어부
머슴 토르시흐
새끼 검둥오리
마법의 책
육십 개의 터무니없는 이야기
마법사 차트한

거만한 샤먼
농부와 사제
결혼이 너무도 하고 싶었던 샤먼
빈농이 부자와 소송한 이야기
아디차흐와 케초흐
'불행'
빈농이 부호의 집에서 악마를 쫓아낸 이야기
호기심 많은 아내
부자와 뱀
마법의 닭
빈농이 부자를 속인 이야기
시어머니와 며느리
크레센

뱁시인 이야기

소녀와 염소
곰과 마샤
지저분한 여자
곰과 여우
제멋대로인 아내
주인 부부와 이웃인 백정
성자 아폴론
물의 정령
의붓딸
착한 소녀 바르베이
남매
황금 소년
신부 나스텐카
청년은 새를 아내로 삼다.
황금 곱슬머리 나스타샤
미녀 아내
부자 형과 가난한 동생
어리석은 사람들 이야기
부정한 아내
반카와 염소
오빠가 여동생의 손을 자르다.
아내가 말했다
엄지 소년
도둑 반카
잠자는 아내
바보 사위
신은 오리페이에게 식사하러 왔다
아내는 남편을 어떻게 속였는가

칼미크인 이야기

착한 오브세
용감한 마잔
연꽃
마법의 돌
받지 못한 보상
변신하는 겔룽과 일꾼
현명한 며느리
고향 이야기
미해결 소송
칸의 왼쪽 눈
어리석은 노인
계절의 변화
현자와 겔룽
겔룽과 동자승
인색한 부자
노부부
수탉과 공작
유쾌한 참새
성질 나쁜 까마귀
만지크 자를리크와 그의 하인
72가지 기이한 일
체첸 칸과 그의 현명한 며느리
케자
노인 자신은 4분의 1, 턱수염은 4분의 3
용사 샤라다
아랄탄의 아들
두 형제
세 가지 기이한 이야기
팔천 살의 노인 남질 크라스늬 이야기
세 형제
사냥꾼 이예스티르
새와 동물의 말을 알아듣는 청년
왜 올빼미는 콧구멍이 없을까
용감한 사자
모기가 애처롭게 노래하는 이유
마상

알타이인 이야기

알립 마나슈
유스큐제크와 알틴 차치
사리 칸
큰 사슴의 울분 욕심 많은 들꿩
보리 낟알
회색 참새
멋진 다람쥐
무서운 손님
인색한 개구리
박쥐가 밤에만 나는 이유
공작새의 아내
사르탁 파이
오누이
'비단 붓' 토르코 차차크
행복한 리스투
황금 잔
중매쟁이 여우
백가지 지혜
암소와 별
곰 아저씨
녹색의 신 쿠르가미슈
한 마리 양
쿠얀
곰 아유
황금 새 알틴 쿠츠카슈
질 켈
해와 달이 인간을 구한 이야기
일곱 형제
용사 바부르간이 산이 된 이야기
텔레츠코예 호수에 관한 전설
텔레츠코예 호수가 '황금 호수'로 불리게 된 이야기
쥐와 낙타
미식가 사향고양이

짐승 마아니의 아이들
오래된 옛날이야기

텔렌기트인 이야기

비야 강과 카툰 강
카투 야리크(무서운 장소)
알미스-암염소
알미스에게서 태어난 아기
아부움 포오옴(아버지 어머니)
낙타 이름으로 불리는 골짜기
푸른 황소
사냥꾼과 알미스
곰
소를 훔친 도둑과 호랑이

첼칸인 이야기

황금 도끼
고아
키셀레크와 파를라나크
탁 툭 지팡이
토끼와 담비
바보 청년
텔베엔이 하늘로 올라간 이야기
황금 등자
날다람쥐
콜로복
세 아들
황금 수탉
고아 청년과 다람쥐
고양이
할아버지와 부자
자작나무 그릇

쿠만딘인 이야기

사냥꾼의 전설 1
사냥꾼의 전설 2
사냥꾼의 전설 3
사냥꾼의 전설 4
오온 강과 쿠그 강
개와 고양이
킬리슈 칸
델베겐
툰구스
할아버지와 고양이
엄마와 딸
델베겐과 마시파라크
부자가 된 쿠지마
자신을 모르는 너구리
바보 이반
마시파라크
카라 몬기스
아이 코크 처녀
뱀과 노인
세 아들
세 형제

투발라르인 이야기

알틴 콜과 알틴 투우(황금 호수와 황금 산)
카라티 칸
노인과 노파
반카와 그리시카
세 형제
오스큐스 오올로크
아크 표스 쿠우르친
오스큐스 우울
꾀 많은 여우
농부 파시파라크

나가이바크인 이야기

고양이가 식사 후 몸을 닦게 된 사연
아즈라킬의 장난
어느 집시 여인의 예언

바시키르인 이야기

에렌세 세센 이야기
투라칸, 야네바칸 그리고 에렌세 세센
하탐타이

쇼르인 이야기

안치 아비시카와 카라 몰라트
지주와 사냥꾼
사랑이 깊은 쿠
마법 모자
탐욕스런 농부
학과 까마귀
젊은 사냥꾼과 표범
프카
철의 산 테미르 타우
차기스

코미인 이야기

야즈바 강 이야기
수지야 강 신화
이오마와 두 명의 아가씨
무사 페랴
다리가 여덟인 개
페라는 어디로 갔을까?
루피예 강에 사는 페라와 미쟈
페라와 자란
사냥꾼 예파를
가르친 여우

텔레우트인 이야기

알타이 쿠우추니 이야기
케르 사갈 가의 형제

시베리아 타타르인 이야기

작자 미상
옮긴이 이경희
펴낸이 박영률

초판 1쇄 펴낸날 2017년 2월 25일

지식을만드는지식
03991 서울시 마포구 월드컵북로 46 청원빌딩 3층
전화 (02) 7474 001, 팩스 (02) 736 5047
출판등록 2007년 8월 17일 제313-2007-000166호
전자우편 zmanz@eeel.net 홈페이지 www.zmanz.kr

ZMANZ
3F. Chungwon Bldg., 46, World Cup buk-ro,
Mapo-gu, Seoul 03991, Korea
phone 82 2 7474 001, fax 82 2 736 5047
e-mail zmanz@eeel.net homepage www.zmanz.kr

ISBN 979-11-304-7470-0
979-11-304-7471-7(큰글씨책)
979-11-304-7472-4(PDF전자책)
책값은 뒤표지에 있습니다.